[韩] 玉孝珍 著 | 潘盈欣 译
[韩] 金美妍 绘

小学生里的大富翁

SPM 南方传媒 | 广东经济出版社
·广州·

果麦文化 出品

序言

欢迎来到六年级（1）班的财商教室

大家是如何看待钱的呢？在我看来，钱是生活中不可或缺的。享受美食，医治病痛，购买自己心仪的物品……生活的方方面面都离不开钱。钱这么重要，你对它又了解多少呢？你学过有关钱的知识吗？父母或老师时常跟你谈论钱的话题吗？我猜，不少朋友还是对钱感到陌生吧。我小时候，大人们经常对我说："小小年纪不要总是钱啊钱的！"你们是不是也听过类似的话呢？

不管过去还是现在，老师和父母似乎都不喜欢跟孩子谈论钱。那么为了让孩子学到这些知识，在教室里工作赚钱、纳税、储蓄和投资，这个主意如何？有人也许会质疑：“太荒唐了，怎么能在教室里做这些事呢？”但是，读完本书，你可能就不这么想了，因为主人公时宇和他的朋友们就经历了这一切，这是新学年、新学期，在新班主任的带领下发生的故事。其实这不仅仅是一个虚构的故事，书中所有的活动，都实实在在发生在我的班级里。没错，故事的创作原型，就是我作为小学老师，每年和同学们进行的“班级货币”活动。

你有没有这样的想法——经济和金融是成年人世界里的东西，小孩子就算感兴趣也理解不了，利率、投资和税收什么的，都跟自己的生活隔了十万八千里。但是，这些经济概念其实没那么难懂，要不要试试把它们融入你的学校生活呢？这样一来，上学会变得更好玩儿，让人充满期待，还能在耳濡目染中学习理财知识。来吧，跟时宇和朋友们共同度过六年级这一年，相信你们也会跟经济越来越亲近。

当然，只读这一本书，是不可能完全理解经济和金融的。但是，如果因为这一本书，你开始对经济和金融萌生兴趣，那么我相信，长大后，你就不会因为缺乏经济常识而让生活陷入泥潭。希望这本书能帮你迈出理智经济生活的第一步。

玉孝珍

目录

1 纳税的孩子们

小学生也能拿工资？

“妈妈，妈妈！给我点零花钱吧，放学之后我想买炸酱面吃。”

今天是六年级开学的第一天，眼看就要迟到了，可是时宇还赖在门口不走，跟妈妈要零花钱。

“上次给你的钱呢？这么快就花完了吗？”

妈妈皱着眉头责怪了一句，但无可奈何，还是从钱包里掏出了两张 50 元钞票。

“这个月最后一次了。省着点用啊。”

“……好吧。”

时宇支支吾吾答应着，一把夺过妈妈手里的钱，溜出了家门。屋外，河镇在等时宇一起上学。

“喂，朱时宇！你怎么这么晚才出来。”

“对不起，对不起。Sorry，Sorry！”

“真是的，第一天就连累我迟到。”

时宇没搭话，把两张 50 元纸币错开，像扇子一样摇晃。

“我问妈妈要到了零花钱。放学后请你吃炸酱面，怎么样？”

“真的假的？”

“当然是真的啦！今天我迟到了，我请客！”

河镇哑然失笑，开心得连牙龈都快露出来了。

“都河镇，别愣在那儿，快跑啊！要迟到了！”

时宇猛然加快了脚步，把河镇甩在身后。

“喂，等等我。”

河镇也抓紧书包，开始追赶时宇。

“你要是追不上我，炸酱面可就没得吃了！来追我呀！”

听到这句话，河镇也开始冲刺。

冲进校门，两个人累得气喘吁吁，他们放慢了脚步，从操场抄近道走去教室。

“河镇，你猜我们新班主任是什么样的人？”

“不知道。但是希望老师能多带我们玩，少布置作业。”

“这样当然最好。不过我要求不高，只要别凶巴巴的就行。咱们五年级的老师真是太可怕了，希望历史不要重演。对了，你跑得太慢，炸酱面没了。”

“别乱讲，谁说我跑得慢！”

“你不去的话，要不要叫元熙一起呢……”

“你怎么能这样啊？是不是朋友？”

“开玩笑的。放学后会请你吃炸酱面的。”

“这还差不多！”

他们在一楼换了室内鞋[1]，爬上五楼，来到了六年级（1）班门口。刚进教室时，老师从讲台上探出头跟他们打招呼：“嗨！时宇，河镇，很高兴见到你们。”

“哦……您好！”

时宇和河镇慌张地低下了头。

“时宇，老师怎么知道我们的名字？”河镇小声对时宇说。

“不知道啊。他见过我们吗？”

一走进教室，他们就知道为什么了。因为除了他们俩，其他同学都各就其位了。两人急忙坐到第三组的空座位上。

只见老师和善地笑着，温柔地开始自我介绍：

---

1 室内鞋，即拖鞋。韩国中小学生都会在学校自备拖鞋，更换拖鞋后进入教室上课。

“好，现在人到齐了，我做个自我介绍。我是闵政贤老师，今年刚来彩虹小学任教。很高兴见到大家。”

孩子们热烈地鼓掌欢迎。老师看起来挺温和的，这让时宇松了口气。简短的自我介绍过后，老师拿起粉笔，开始在黑板上写字。

银行职员、统计局局长、税务局局长、

清洁工、报社记者……

他在黑板上写满了各种职业的名称。

“老师在写什么呢？”

“是不是想让我们说说自己未来的职业规划呀？”

听到未来职业规划几个字，时宇皱起了眉头。

这件事，他可从来没有认真考虑过。

终于，老师放下粉笔解释道："孩子们，今年我们班要举行一个有趣的活动。大家从黑板上选一个工作，此后每人每月会收到一笔工资。"

老师的话真是出乎意料，孩子们开始七嘴八舌。

"老师！我们收到的是真钱吗？"好奇的秀晶忍不住问道。

"不是真钱，而是'微笑'货币，这种钱只能在我们班级里使用。大家可以把我们班看成一个国家，而我们国家的货币，名叫'微笑币'。具体的活动内容，后续我会一一揭晓。现在，大家先考虑考虑自己想从事的职业吧，这周五之前提交申请。下周一，我们会最终确定每个人的职业。"

老师接着说道："啊，对了，每个职业都有不同的任职要求，申请之前，请大家仔细看清楚。现在我会把申请表发给大家，表格背面写明了职业类型、工作内容、任职资格和月薪，大家一起来看看吧。"

"啊，听起来真好玩。"

新学期第一天，孩子们本来都有点拘谨，但现

职业	挑选人数	工作内容	月薪	任职资格
银行职员	2	核对月薪 负责存款产品的销售和管理	230微笑币	数学 80分以上
统计局局长	1	确保物品的上缴	220微笑币	数学 70分以上
信用评价主席[1]	1	管理班级信用等级	200微笑币	至少一门学科 70分以上
乐农协会[2]会长	1	管理牛奶和伙食	220微笑币	
清洁工	4	清洁教室（3人） 清洁走廊（1人）	250微笑币	
垃圾分类员[3]	2	分类回收垃圾	200微笑币	
警察	1	管理罚款	210微笑币	语文或社会 70分以上
…	…	…	…	…

在，他们只有满心好奇。

申请表到手后，孩子们开始认真查看，教室里顿时安静下来。

---

1 “信用评价主席”相当于中国的征信管理局局长。

2 “乐农协会”相当于中国的农业委员会。

3 “垃圾分类员”相当于中国的各种环卫公司职员。

“大家也可以为我们六年级（1）班取一个‘国家’名，同申请表一起提交。有奖金的哦，请大家多多参与。”

“我希望每天都像今天一样，下午两点就放学。那我就不讨厌上学了。”

“真是这样就好了。那每天上辅导班之前都可以打会儿棒球，还能玩会儿电子游戏。”

时宇和河镇手里摆弄着棒球，一起走出了校门。

“看，是元熙。元熙！”河镇看到了前面的元熙，便大声呼喊她的名字。元熙本来大步流星地往前走着，现在她闻声停下脚步，转过身来。

五年级时，时宇、河镇、元熙三人同为棒球社的成员，从此成了要好的朋友。

“你们俩去哪儿啊？”

“去新开的小吃店吃炸酱面。要一起吗？”

元熙叹了口气说："可惜我零花钱用完了。"

"没事，跟我来，今天我请客。"时宇耸耸肩，神气地说。

三个人来到小吃店，找了个角落坐下，河镇点了3份炸酱面。

"你们觉得我们的新班主任怎么样？"时宇一边咬着腌萝卜，一边问道。他的肚子饿得咕咕叫了，就先吃点小菜充充饥。

河镇回忆起对班主任的印象说道："感觉挺好的，笑起来多亲切啊。"元熙也举双手赞成。

时宇从包里掏出申请表，说道："咱们班主任有点与众不同。竟然要给小学生发工资，这种事我可从来没听说过。"

元熙也咬了一口腌萝卜，接着张口说道："但挺有趣的，不是吗？什么来着？微笑币？老师不是说了嘛，我们可以用它买零食，或者兑换日记免写券。"

"没错。我也觉得有趣。"

河镇正准备往下说，一个熟悉的身影突然出现了。

“再加一项，你们以后还可以用它买座位。”

“天哪！吓我一跳。”三个朋友不约而同地喊道。他们定了定神，看向这个不速之客——原来是戴着圆眼镜的世完。

“喂，南世完！吓我一跳！”

“你们占了我的座位。”说话的同时，世完指了指三人身旁的空座位，那里放着世完的包。他们根本没注意到这个包，现在想想，点菜之前，桌子上就摆了腌萝卜，确实不太对劲儿。

“去了趟洗手间回来就这样了……能让开吗？”

时宇、河镇和元熙一句话也没说，默默收拾好东西，去了旁边的空桌子。过了一会儿，炸酱面上桌了。

“炸酱面味道怎么样？”

“酱香浓郁，面条筋道，二者完美结合，好吃得像在做梦。”

“你这也太夸张了吧。”

“时宇，你打算申请什么工作？”

“我？嗯……我当然要选工资最多的。”

时宇的肚子渐渐鼓起来，这会儿，他又拿起申请表，开始研究各种职业。他的手指不停扫过一行行文字，突然在某个地方停住了。

“我要做清洁工！一共选 4 个人，月薪 250 个微笑币，没有任职要求。就是它！最赚钱的职业就是它。你们也一起选清洁工吧。”

“我才不呢。清洁工每天放学后都要打扫卫生。我讨厌打扫卫生。时宇，你能行吗？你真的要做清洁工吗？”

河镇忧心忡忡地看着时宇，他对这位朋友可是知根知底。

“我不知道。但我就喜欢挣钱多的工作，管不了那么多了。元熙，你想做什么？”

“我要做警察，警察多帅啊。你们要是不老实，我就把你们抓起来。”

“抓什么呀？你连一只蚂蚁都抓不住。而且警察要在评价考试里得 70 分以上，我可没信心。算了算了！”

“考试还没考呢，你就要放弃？人是不能放弃的，游泳圈才能‘放气’。”

河镇和元熙哈哈大笑起来，时宇也跟着笑了。

过了一会儿，时宇斜眼瞥了一眼世完。他想知道世完会选择什么工作。他可不希望世完也选清洁工，跟这个人一起工作，想想就烦。时宇转身朝世完走过去。

“南世完，你想选什么职业？”

世完嘴里正嚼着炸酱面，他向时宇伸出了左手，意思是说，他正在吃东西，请稍等片刻。

“装模作样的南世完。”时宇心里念叨着。世完咽下嘴里的食物，拿纸巾擦了擦嘴角，又用水漱了漱口，终于张口说道：“我要做银行职员。银行业务要求算数能力，我数学这么好，不选我选谁呢。只要在数学考试中得 80 分就够了，简直易如反掌。”

“幸好不是清洁工。”时宇心想。早知道他就不问了。

“朋友们，吃完我们走吧。”

时宇来到收银台，掏出两张 50 元递给老板。然后，他把找回的 10 元零钱塞进了口袋。

“多谢款待，时宇先生。”当时宇推门而出时，河镇和元熙郑重其事地朝他九十度鞠躬。

“嗨，小意思。”时宇沾沾自喜道。

谁料世完跟了过来，扶了扶眼镜说道：“时宇，你是白痴吗？”

小吃店
25元×3=75元
100元－75元＝
找零
25元

“喂，你怎么没事找事啊？凭什么说我是白痴！”

“炸酱面每份 25 元。你们三个人每人一份，总共 75 元，对吧？”

“咦？但是老板只找了 10 元……”

河镇睁大了眼睛，声音有点激动：“没错！菜单上写得明明白白，25 元一份。”

元熙也表示自己看得很清楚：“确实是 25 元。”

“真的吗？那我把少找的零钱要回来。”

时宇慌慌张张回到店里。

“哎呀，这下麻烦了，以后自己少发了工资也不知道吧？”望着时宇的背影，河镇和元熙吐吐舌头说道。

微笑国国民的职业定下来了

“按照约定，今天是确定职业的日子。微笑国国民们都递交了申请表吧？”闵老师问道。

“是的！”孩子们齐声答道。

六年级是小学最后一年，本来就意义特殊，现在又迎来了一个特别的开端。彩虹小学六年级（1）班的孩子们不说“我们班”，而是“我们国家”。“国家”名也通过比赛确定下来了——微笑国。想出这个名字的是泰阳，作为奖金，他获得了100个微笑币。今天，是微笑国国民确定职业的日子。

“大家提交的申请表，老师都仔细看过了。每个

人都为自己选择了合适的职业。好，我们先确定邮递员吧。邮递员要挑选两名，月薪是 210 个微笑币。邮递员们，请起立。”

邮递员的职责，是向同学们发送家庭信息，或是在教室外面跑腿。出乎意料的是，这个工作相当受欢迎，老师话音刚落，就有 10 个孩子立马站了起来，其中竟然还有要当警察的元熙。

“元熙不是说要报警察吗？”时宇问河镇。

“应该是怕警察落选，所以也申请了其他职业吧。我也申请了 6 个呢。时宇，你申请了几个？”

“啊？能选好几个吗？我只报了清洁工啊……”

不一会儿，为了角逐邮递员，孩子们开始剪刀、石头、布。元熙怀着必胜的信念喊着“加油”。

“现在，让我们剪刀、石头、布。剪刀——石头——布！”

经过几轮剪刀、石头、布，郑国和正焕当选邮递员。

“唉。”元熙叹了口气，脸上写满了遗憾。她是第三名，差一点儿就成功了。成为邮递员的郑国和正焕则难掩喜悦之情，在自己的座位上手舞足蹈。接下来，气象局局长、税务局局长、统计局局长、银行职员、投资公司职员等职业也一一确定下来。

“现在是最后一个职业，清洁工。”

终于轮到清洁工了。时宇从座位上站起来，四下打量着，想看看有多少人报名。他伸出手指，一个接一个地数着：“一、二、三、四……”嗯？正好四个人。

“老师！清洁工选四个人，刚好四个人报名。”

即便月薪最高，但申请的同学并不多，可能是因为这个职业会占用课后时间。

“恭喜你们。不用剪刀、石头、布就顺利当选清洁工啦。”

时宇坐了下来，握紧双拳默默为自己庆贺。每个人都拥有了自己的职业。河镇是垃圾分类员，要在休息时间给垃圾分类，元熙报了 7 个职业，玩剪刀、石头、布输了 6 场，终于成为微笑国的电力职员。电力职员负责教室里空调和电灯的开关。

“孩子们，现在，微笑国国民们的职业都定好了。希望每个人各司其职，共同为我们的国家效力。第一份工资将在一个月后发放，也就是 4 月 9 日。”

“好！”

听到“工资”两个字，大家都兴奋不已。时宇、河镇、元熙也不例外，他们内心期待着：一个月赶快过去吧，这样就能拿到工资了。

今天，微笑国又迎来一个崭新的早晨，气象局局长泰阳打开窗户，给教室通风，在雾霾公告栏标明可吸入颗粒物的浓度。自从确定职业以来，三周过去了，跟随时间的脚步，孩子们渐渐熟悉了各自的岗位。

“各位，交日记了！交日记！家庭报告书也要上交！”统计局局长宣毅举起统计局的记录簿，对着孩子们大喊道。孩子们从包里拿出日记和家庭报告书，在宣毅面前排起了长队。

“时宇，我们也去交日记和家庭报告书吧。”

河镇看向时宇。只见时宇趴在桌面上，一声也不吭。

“朱时宇，我们去交日记吧！”河镇轻轻拍了拍时宇的肩膀说道。

“稍等。快写好了……写好了！果然，日记要在早上写才过瘾。”

“反正都得写，昨天晚上提前写好，不是更好吗？”

“你说话的口气怎么跟我妈一模一样？不管了，反正等我拿到工资，肯定先买一大堆日记免写券。”

时宇把手伸进包里，开始寻找家庭报告书。

“在这儿！家庭报告书！”

时宇拿起日记本和皱巴巴的家庭报告书，朝统计局局长走去。

“局长先生，朱时宇的日记和家庭报告书。”

“时宇，你的家庭报告书里怎么什么都没写呀？”

“什么？”

时宇从宣毅手里拿回家庭报告书，翻开看了看。

宣毅说得对，空白处什么都没写。

“没有父母签字按未提交处理。统计局的记录簿会标明未提交。”宣毅斩钉截铁地说。

“啊……天哪！我忘了给妈妈看。”时宇双手抱头，懊恼不已。

国家拿走了我的钱

4 月的工资表新鲜出炉，贴在教室后方的公告栏上。

一瞬间，孩子们蜂拥至公告栏前。时宇恨不得像长颈鹿一样伸长脖子，终于，他看到了自己的工资。

“190 个微笑币？为什么只有这么点儿？我的工资明明是 250 个微笑币！”

“好像扣了税。”人群中，有个孩子提到了“税”。

“税是什么鬼……”时宇发了句牢骚，又仔细瞧了瞧工资单。

“怎么回事儿！这也太过分了吧？为什么要交这么多税啊！这是我的钱，我辛苦工作赚来的钱！60

个微笑币就这么没了。60 个微笑币啊。”

时宇还不死心，把工资单来来回回检查了好几遍。他怀疑是自己看错了，可是每次检查完，190 还是 190，没有任何变化。

这时，一个身影从后方移近，这位比时宇高了将近一个头。

“老师不是说过嘛，工资要扣税。征来的税用于购买我们班需要的物品，或者举行班级活动。”

“啊！吓我一跳！”

时宇打了个寒战，回头望去。身后，爱管闲事的世完扶了扶眼镜。

“南世完，我没问你吧？”

“我也没回答你啊。顺便提醒一句，你现在看到的填写这张工资明细表的纸张和墨水，也是用我们上缴的税购买的。税不是白收的。从确定职业的第一天开始，我们就成了纳税人。”

说完这些话，世完转过身去，背对时宇，从储物柜里一本一本拿出今天上课要用到的教科书，接着回到自己的座位上。不知为何，时宇对世完实在是喜欢不起来。

“即便扣了税，辛苦一个月终于拿到了工资，还是挺开心的吧？”河镇笑着说。

“开心什么啊，总感觉自己被偷了钱。”

时宇在存折上写下“月薪 190 个微笑币”，然后把存折递给银行职员子英，让她盖上“确认收款”的印章。毕竟是生平第一次拿到“工资”，虽然嘴上不乐意，心里还是难掩喜悦。

“河镇，我亲爱的朋友，工资到手了，现在我们该怎么花呢？”时宇把手上的存折开开合合，一边摆弄存折，一边看着河镇说道。

“嗯，我得好好想想。要是早早把工资花光了，以后可就没钱用了。”

“怕什么，一个月后还会再发的，先花着呗。”

时宇露出了灿烂的笑容，他早就想好要把工资花在哪里了。

“好嘞，没错。我要买日记免写券！我还要买午餐优先券，这样就能率先吃午餐了。啊，真开心！”

税务局局长世静在公告栏贴了新公告——《我们班的税金》。

时宇一直围着世静打转儿，他迫不及待地问道：“这次税金总共攒了多少？”

“个人所得税税率为 20%，总共从国民手里征收了 1136 个微笑币。”

“啊！1136 个微笑币！里面也包括我被抢走的 60 个微笑币吧？”

世静转头看向时宇：“什么抢走？这是税金！月薪的 20% 是所得税。征税是为了维持国民的生计，取之于民，用之于民，交税是我们应尽的义务。”

“健康保险费和电费不是税金吗？”

“不是。健康保险费，是我们生病或受伤时使用医务室的费用，不算作税金。电费是根据教室里的用电量交纳的，也不是税金。”

“世静，你从什么时候开始变得这么聪明了？”

“喂，我可是税务局局长！”

“得意什么呀，这工作随便找个人都能胜任……换了我，我可以做得更好。”时宇嘟囔道。

“可惜你不是呀。我还没得意完呢。我们上缴的税金用处多多，可以用来购买班里所需的物品，比如，粉笔或黑板擦，或者用来举办各种活动。垃圾和剩饭的处理费也出自税金。啊，对了，今天是发薪日，还得给公务员发工资呢，这笔钱也得从税金里扣。”

世静再次转向公告栏，把公告中的“1136”更

税金
2xx 微笑币
记号笔
-100 微笑币
粉笔
-80 微笑币
厨余垃圾
处理费用
-150 微笑币
塑料袋 ×2
-100 微笑币
塑料袋
-100 微笑币
公务员月薪
-360 微笑币
税金
1136 微笑币

改为“776”。

“什么！这么快就用到税金了？”

“为了维持国家正常运转，我们必须得使用它。垃圾的处理成本是一次100个微笑币。迄今为止扔了两次，总共200个微笑币。厨余垃圾处理费，总共150个微笑币。老师使用的粉笔是80个微笑币，记号笔100个微笑币，还有……”

“杂七杂八的扣完，该不会全花光了吧。税金还剩下多少呀？”

“全都扣完的话，大约还剩200个微笑币。”

“要是税都花光了，可该怎么办呀？”

“不够的话，下个月可能得多收点税吧？”

听到这句话，时宇身体往后仰，一个劲儿地摆手。

“多收税？不行，绝对不行！60个微笑币我都心疼得不得了。”

“心疼就省着点用呗。”

“什么？”

“比如……在分类回收上省点钱……”

提到“分类回收”，时宇立马想起了河镇。他走近河镇，没头没脑地大声喊道：“喂，都河镇！省着点花！”

河镇眨了眨眼，困惑地盯着时宇：“讲明白点，什么省着点花？”

“你是垃圾分类员，对吧？从今天开始，分类回收的时候，垃圾袋要尽可能装满垃圾。装满之前绝对不要扔掉！只有节约税金，才能保住我的血汗钱！”

“嗯，这确实是个好主意。”

“我还要提醒供餐的同学们，绝对不要剩午餐。记号笔也是用税买的，对吧？”

“是的。”

河镇话音刚落，时宇就急匆匆地朝老师跑过去。

“老师，我有话要跟你说。”

“好啊，时宇，什么事呀？”

“我……”

“没事，说说看，出什么事了？”

“老师！记号笔不用的时候，请盖好笔帽。请节约我的钱，不，请节约我们的税金。”

微笑国国民四大守则

第4条·第1项

微笑国所有国民都有选择职业的自由。

第7条·第1项

微笑国所有国民的财产权都得到保障。

第11条·第1项

微笑国所有国民都有纳税的义务。

第25条·第1项

微笑国的货币为“微笑币”。

微笑国经济常识 Q&A

问题① 钱是怎么诞生的？

很久很久以前，人们直接用物品交换物品，这种方式叫作“物物交换”。但是物物交换很不方便，需要费力地把物品搬来搬去，而且你往往不知道对方想要什么东西，交易就有可能没法达成。所以，“钱”应运而生，成为人们买卖物品的流通手段。

问题② 什么是收入？

为了生活，人们会根据自己的个性和能力，找到适合自己的工作，从工作中挣到所需的钱。参与这些五花八门的经济活动时，人们所得的报酬就是“收入”。根据获得方式的不同，收入分为以下几类：

为国家或公司提供劳动力而获得的报酬，被称为“工资性收入”，微笑国的国民收到的工资，就属于这一类。

自己通过开公司、干农活、做生意等活动挣来的钱，叫作“经营性收入”。

把钱存入银行后获得的利息，以及出租房屋时收到的租金等依靠自己所拥有的资产获得的收入，叫作“财产性收入”。

失业救济金、保险金、养老金等收入，是因退休、疾病、事故、年老等缘故从政府或企业处获得的，而不是生产活动的回报，因此被称为“转移性收入”。

问题 ③ 为什么要缴税？

税金就像一种特殊的“会费”，每个公民都要分担，如此一来，才能共享国家富足的文明生活。国民缴纳的税金，被用于国家大型公共事业的建设，如国防、社会治安、教育设施、交通运输等。单凭国民个人的力量，这些都无法实现，因此需要国家做出统筹。

我们缴纳的税金，大致可分为“直接税”和“间接税”。

直接税是赚钱的个人或公司直接向国家缴纳的税金。直接税又有细分。从公司赚来的工资或自己做生意的收入，都要拿出一部分来交税，这种叫作“所得税”。公司一旦盈利，利润的一部分要作为企业所得税缴纳。为自己名下的房产和资产所缴纳的税金，叫作“财产税”，这类税金也属于直接税。直接税遵循一个原则，即收入多缴税多，收入少缴税少，所以也起到财富再分配的作用。

间接税是购买商品时以间接方式缴纳的税款。间接税的典型是“增值税”[1]，即我们购买商品或服务时所支付的，包含在售价中的税费。此外，间接税还包括买卖专利权、不动产等权益时所缴纳的“转让税”等税款。

1　纳税人可以提高价格把税收转嫁给其他人，增值税之外的典型例子还有营业税、消费税、关税等。

2

工资可以用来做什么呢？

“时宇，你准备存多少钱？”盛好午餐的河镇坐到了时宇身旁，张口问道。

时宇正大口嚼着香肠，由于使用了午餐优先券，他在班里最先吃到了午餐。时宇咕咚一声吞下了嘴里的食物，回答道：“存钱？你还要存钱吗？存多少呢？”

“嗯……我想把工资全都存起来。”

“什么？全都存起来？都河镇，你疯了吗？”

时宇摇摇头，然后舀起一大勺米饭，津津有味地吃起来。

“存钱是可以得到利息的。”

“利息？利息能有多少呢？”

“存款产品有好几款……要是存……定期啊什么的……哎呀，我也不知道。”

“什么呀？”

“待会儿吃完饭，咱们去问问世完吧。”

“南世完？为什么问他？”

听到世完的名字，时宇皱起了眉头。

“世完是负责存款的银行职员。想知道利息是多少的话，就得问世完。”

“但是我不想跟他说话。我们还是去练投接球吧。”

时宇放下勺子，右手腕轻轻晃动，摆出扔棒球的架势。

“赶紧吃东西，吃完去投接球吧。”

“先去存款。”

“天哪……世完装腔作势的样子，已经近在我眼前了。”

一个人没法练习投接球，无奈之下，时宇只能听河镇的。

吃完饭，河镇拿着存折去找世完。

“南经理，我有问题想请教您。”

教室里约法三章，每当询问与工作有关的问题时，都需要称呼对方的职业名，并且使用敬语，因此河镇称世完为南经理。

“是的。都河镇先生，能为您提供什么帮助呢？”世完头都没抬，机器般冷冰冰地回答道。

“我想存钱，我该怎么做呢？”

“存款产品有两种，零存整取和整存整取，需要给你解释一下吗？”

“是的。”

河镇身后的时宇自顾自地说道：“果然不出我所料，装模作样的大魔王。”

世完终于抬起头，面无表情地说：“零存整取是每周一次存入固定的金额，整存整取是一次性存入全部金额，之后在规定日期取出。两者的利率都是 8%[1]。”

“河镇，利率是什么呀？ 8% 又是什么意思呢？”时宇在河镇耳边悄声问道，他对数学可是一窍不通。

“我怎么知道呀？我也不懂啊。”

河镇又问世完：“利率是 8% 吗？不管零存整取还是整存整取，利息都一样，对吗？”

“没错！嗯，这个……换句话说，利息是……”世完结结巴巴的，好像也不知道接下来该怎么办了。

看到这一幕，时宇别提多高兴了，他心想，世完真是活该。

---

1 现实生活中，不同银行依据存款年限，利率为 1% ～ 4% 不等，一般到不了 8%。

就在这时，老师拿着计算器出现了。

“计算利息不是件容易的事啊。别说世完，连我都要犯糊涂呢。”

世完本来有点气馁，听到老师的话，他再次抬起头，摸了摸眼镜。

老师敲了敲计算器，接着说道：

“让我来看看。如果每周零存整取 50 个微笑币，存 6 周，那么总共是 300 个微笑币，利息是 14 个微笑币[1]；如果是 6 周整存整取，一次性存 300 个微笑币，6 周后利息是 24 个微笑币。”

“同样是 300 微笑币，利率也一样，为什么利息差了 10 个微笑币呢？”河镇侧着脑袋问道。[2]

时宇也抢着说道：“300 个微笑币存 6 周，只能

1　零存整取的利息 = 月（周）存金额 × 累计月（周）积数 × 月（周）利率。其中，累计周积数 =（存入次数 +1）× 存入次数 ÷2。本书情况下，每周存入 50 元，存六周，即存入次数为 6；六周的利率为 8%，即周利率为 8%÷6 ≈ 1.33%。因此，累计周积数 =（6+1）÷2×6=21，利息 =50×21×8%÷6=14（元）。

2　相同的本金、利率和存款周期下，整存整取要比零存整取得到的利息高。

得到 24 个微笑币！什么呀，真小气。”

时宇的话好像让世完不太开心，他瞪着时宇说道：“24 个微笑币嫌少吗？那你可以选择不存钱啊。储蓄是个人的自由，没人逼你。反正钱多的话，可以整存整取，钱少但是想攒钱的话，可以零存整取。老师，没错吧？”

老师点了点头，补充道：“大家好好考虑考虑，什么才是最适合自己的存款产品。虽然存款的利息只有一点点，但是别忘了，‘积土成山’啊。”

世完看着老师，露出了微笑。

河镇仿佛下定了决心，把自己的存折摊开，放到世完的桌子上。

“世完，我要整存整取，150 个微笑币存 6 周。我该怎么做呢？”

“你在存折上写上‘加入整存整取’，然后给我，我确认无误后给你盖章。”

河镇遵照世完的指示，在自己的存折上写下存款产品的内容。现在，河镇的存折余额变成了“0 微笑币”。世完拿出存款产品的管理账本，记录了河镇的信息。

“弄完了吗？”

世完把河镇存折的内容和账簿的内容比对了一遍。

“没问题。可以了。”

最后，世完在河镇存折里“0 微笑币”几个字旁边盖了确认章。

“感谢您对我的信任。存款产品购买完成，6 周整存整取 150 个微笑币。到期后我会告知您。”

“太好了，赚到了。朱时宇，你不存款吗？”

“我不存。反正我工资多，不存也没事。”

“好吧。”

这时，世完开始埋头读书，好像在说，该办的事都办完了，赶紧走吧。

元熙喘着粗气，朝着正在练习投接球的时宇和河镇跑过来。

“怎么迟到了？”问话的同时，河镇把球抛给了元熙。元熙娴熟地接了过来。

“我今天是最后一个吃午饭的，饭后又跟世完问东问西，所以就来晚了。抱歉啦！”

球传到了时宇这儿，他接住球，顺口问道：“元熙，你也存钱了吗？存了多少啊？”

“我存了 70 个微笑币，6 周整存整取。”

“70 个微笑币？你们的生活还有没有点乐趣啊？钱是用来花的。看看我，我买了日记免写券，今天就没写日记，还买了午餐优先券，早早吃完饭，午餐时间可以玩得更久。存款，有必要吗？反正下个月工资还会再发。”

时宇自信满满的语气，让元熙心生动摇。时宇的话好像也没错。

“是吗？那我明天也要买午餐优先券。时宇，早点出来，一起练投接球吧。”

“哎，不愧是元熙，好朋友，心意相通！”

“河镇，你也买午餐优先券吧，咱们一起早点出来玩球！”

元熙打乱了原来传球的顺序，把球扔给了河镇。河镇接过球，转手又扔给时宇，然后看向元熙：“我的钱全都存进银行了，现在没钱可花。我可不能中途取出来，我得等到存款到期。”

时宇好像回忆起了什么，他问河镇：“河镇，刚刚就听你们提到这个词，‘存款到期’，是什么意思啊？”

“存款到期？就是收钱的日子到了呗。我买了6周的存款产品，6周后存款就到期了。”

“哦，懂了，也不是什么深奥的东西嘛。”

河镇示意朋友们聚拢起来，歇一会儿再继续玩。

“相反，也可能发生这种情况——‘中途解约’，就是指未能遵守承诺的日期，提前取消整存整取。”

“啊，不得了。”

看时宇的反应，他应该是头一次听说“中途解约”这个词。元熙眨了眨眼，露出同样的神情。

“那如果提前退出，我的钱会怎么样呢？”元熙拿起水瓶喝了一口水，向河镇发问道。

“你存了多少钱就会退你多少钱。至于利息，可能比之前约定的少，或者压根儿没有。我就知道这些！详细情况还得问世完。”

“一旦哪天没钱了，你还不是得取消整存整取。叫什么来着？中途……”

“中途解约。”

“没错，中途解约，然后你就又有钱花了。”

“是这么个道理没错。可这样就没多少利息了，最好别中途解约。”

时宇看看河镇，又看看元熙，接着摇了摇脑袋：“天哪！存款太麻烦啦，又得花心思，又得打探各种消息。真头疼。别存钱啦，赶紧花吧。想烦心事儿对身体不好。”

时宇是微笑国薪水最高的，所以存款这件事儿，他根本没放在心上。

热烈庆祝！时元超市开业啦

“啊……还得再等一个星期才能拿到工资呢。”

教室后方的公告栏上贴着食谱表，时宇数着表格上的日期，哼哼唧唧地发出一声抱怨。大多数朋友都感慨时光飞逝，不知不觉时间就悄悄溜走了，唯独时宇嫌慢。为什么呢？因为他把第一个月的大部分工资都花在了日记免写券和午餐优先券上，存折里只剩下 10 个微笑币了。

“免写券有多少用多少呗，别太贪心。”河镇和元熙朝时宇走过来。

“一直没写日记，再拾起来就很困难了。哎呀，我想买日记免写券！”时宇仰面大喊道。他总算明白爸爸妈妈为什么那么期待发薪日的到来了。

就在这时，报社记者世雅拿着一篇报道，风风火火地往公告栏这边走过来。

“朋友们，借过借过。我要贴报道，腾个地方好吗？”

世雅把手里的新闻报道贴到了公告栏上。

“可以做生意？！”

“世雅，真的可以做生意吗？”时宇凑到世雅面前问道。

“当然。不过只有完成工商注册的人才能做生意。”

即日起，微笑国开放零食买卖

5月2日（星期一）起，任何人都可以在微笑国做生意。开学以来，教室里的糖果一概由老师进行采购，但从今天开始，糖果要从完成工商注册的超市中购买。想要开超市做生意的人，请先交费取得营业执照。可以在从事本职工作的同时做生意，两者并不矛盾。出售糖果赚来的钱，扣除所得税后，全部归店主所有。

……

拟进行工商注册者可咨询公务员。

微笑日报记者 刘世雅

“啊，真厉害。真的可以在教室里做生意啊。”

当老板是元熙长久以来的梦想，她快步朝公务员英真跑去。时宇和河镇也紧随其后。

“英真，我要做生意！”元熙双手撑在英真的桌子上，冲她说道。

“我先来的，正在注册呢，你再等等好吗？”原来是世完，他站在元熙身后，用手背扶了扶眼镜，对元熙说道。

元熙认准英真就匆匆跑了过来，根本没看到世完。时宇轻轻拍了拍世完，问道：“南世完，什么情况？明明是我先看到报道的，你怎么插到前面去了？”

世完没搭话，默默指了指黑板。黑板旁也贴了一篇报道，跟教室后方公告栏上的报道一模一样。

“老师打印完报道后，会先往黑板旁边贴，你该不会连这都不知道吧？问问题之前能不能先动动脑子啊？啧啧！”

世完耸耸肩，目光依次扫过时宇、元熙，还有河镇。三个朋友谁也没吭声，但心里都在念叨：“讨厌鬼。”

“英真，那现在只要盖上章，工商注册就完成了吧？”

世完回到英真跟前，轻轻把元熙挤到了侧边。

“是的。你现在可以做生意了。进货的话，去找批发商。”

世完对英真道了声谢谢，收好营业执照，向批发商佳媛走去。世完刚走，元熙又激动地问道：“英真，我要做生意！我该怎么办？”

“工商注册费是 50 个微笑币，你先交钱，我给你在营业执照上盖章。然后你就能做生意啦，从批发商那儿进货，放在自己的超市里卖。”

“50 个微笑币？稍等片刻。”

元熙打开存折，看了看自己的存折余额。余额栏里写着“40”。

“啊……我只有 40 个微笑币。”

元熙失落极了，肩膀耷拉下来，却听时宇在一旁喊道：“我有 10 个微笑币！英真，工商注册可以两个人一起吗？”

“可以，可以两个人一起注册。”

“元熙，那咱们一起做生意吧！河镇，你也来吧！”

对于时宇的提议，河镇思考了一阵子，然后摇了摇头。他怕生意不顺利。于是，时宇和元熙就决定合伙做生意了。

“咱们的店名叫什么呢？”

“店名叫……”

时宇和元熙陷入了沉思。没过多久，时宇两手一拍，好像有了主意：“时宇的‘时’加上元熙的‘元’，就叫‘时元超市’吧，怎么样？”

时元超市开业一周了，不过店里一笔买卖也没做成。因为工商注册后两个人都没钱了，没法批发零食来店里卖。

时宇跟元熙提了好几次，让她取出整存整取的 70 个微笑币，结果每次都被元熙果断拒绝。

“不行，中途解约的话利息就只剩一丁点儿了！”

最终，两人约好等到领工资那天去进货。

期盼已久的日子终于到来了，今天是微笑国的第二个发薪日。

“你拿到工资了吧？”

“嗯，拿到了，走！”

时宇和元熙来到了批发商佳媛这儿。佳媛打开了大储物柜的锁，柜子里塞得满满当当，巧克力、果冻、糖果、饼干，各种零食应有尽有。哪种零食最好卖呢？两个人思前想后，最终把 20 块巧克力和 12 个果冻装入自己的收纳盒里。巧克力和果冻的单价都是 10 个微笑币，他们总共支付了 320 个微笑币。时宇的工资是 190 个微笑币，他付了 175 个微笑币，还剩 15 个微笑币。元熙则花掉了 145 个微笑币，这是她全部的工资。

“巧克力和果冻，我们要卖多少钱呢？”

“我们晚了一步，是不是得先招揽招揽客人？”

其他三家商店一周前就开始做生意了，一定程度上抢占了先机。时宇心里有点着急，想用低价策略先吸引顾客。

“以庆祝开业的名义，举办个‘全场一律 10 个微笑币’的促销活动，怎么样？这样客人肯定都来咱们店里凑热闹。”

“顺便办个‘买一赠一’的活动吧？”

“好主意！”

时宇和元熙一拍即合。三下五除二，零食的价格就定好了，两人还把活动宣传单贴在了“时元超市”的大招牌旁边。

所有零食一律 10 个微笑币！买一个，送一个。

“注意啦，各位！时元超市开业大吉。所有零食一律 10 个微笑币！此外还有优惠，买一个，送一个！”

时宇和元熙一吆喝，朋友们全都蜂拥而来。别家卖三四十个微笑币的巧克力，在这儿竟然只要 10 个微笑币，更别提还有“买一赠一”活动，这天大的好事谁愿意错过呢。

“时宇，我要 4 块巧克力。”

“好嘞。4 块巧克力是 20 个微笑币。请您慢用！

“我要 2 块巧克力和 2 个果冻。”

“2 块巧克力，2 个果冻，一共 20 个微笑币。您拿好。”

“我也要买 2 块巧克力。这里是 10 个微笑币。”

时元超市开业的消息传到了河镇耳朵里，他也跑来购买巧克力了。客人们纷至沓来，时宇和元熙心里乐开了花。“做生意挺容易的”，时宇心想，他得意极了，提高嗓门喊道：“各位，便宜啦，便宜啦！快来时元超市吧！还有‘买一赠一’的活动哦！”

开业
开业
时元超市
开业大酬宾
一周之内巧克力、果冻
10 个微笑币 1+1
10 个微笑币
1+1
不要错过!
巧克力、果冻
10 微笑币
时元超市
开业
时元
超市

做生意赚的钱怎么不见了

时元超市才开业三天，就把客人们全都抢走了。其他商店沉不住气了，有一家把价格降到了时元超市的水平，还有一家举办了“买一赠二”的活动。时元超市的顾客因此减少了一些，但生意依然是最好的。

“照这么下去，你们迟早会后悔的。”从时宇和元熙身边经过的世完冷不丁来了一句。

“南世完，你说什么？自己生意都做不好，还来操心别人。”

世完也开了一家超市，名叫“微笑超市”。可是，时元超市开业后，他就没生意了，于是商店关了门。

“走着瞧。你们这么做生意，是长久不了的。算了，我才懒得管。”

世完扶了扶眼镜，回到了自己的座位上。

“这家伙，羡慕我们生意好吧。他肯定气得肚子都疼了。”

一想到在生意场上战胜了世完，时宇就得意极了。

这时，河镇突然出现了，搭着时宇和元熙的肩膀问道：“老板们，今天也赚了不少钱吧？”

“当然。今天我们店里也是人来人往的。”时宇给河镇看了看空荡荡的篮子，炫耀道。相反，元熙却神情凝重。

“生意倒是不错。但是……”

“但是什么？”元熙吞吞吐吐的，河镇瞅着她追问道。

“怎么了？有什么问题吗？”

“有点问题。时宇，我们没多少钱再去进货了。”

“什么？你说什么？生意这么好，怎么会没钱呢？”时宇大吃一惊，反问道。

“没错。我们用每天赚来的钱购买新的零食，但是能买到的零食越来越少了。现在剩下的钱，只够从批发商那儿买八样东西。”

“什么？八样东西？”

“是不是因为你们卖得太便宜了？”

“河镇说得对。我们必须提高价格，‘买一赠一’的活动也得叫停。”

听了两个朋友的话，时宇直摇头，他说：“不行！我喜欢店里挤满客人的样子。况且现在其他商店也降价了，如果我们提高价格，大家一准儿都不来了。”

“是这样没错，但是……”

元熙拗不过时宇，说话渐渐失去了底气。两个人现在进退两难，维持原价也不是，提价也不是。时元超市才开业三天，就碰到了这么棘手的问题。

时元超市开业的第五天，商店的收纳盒里只剩下 2 块甜巧克力了。回想头一天，里面的巧克力和果冻足足有 32 个呢。昔日好景不再，时宇和元熙气馁地耷拉着肩膀。

“时宇，我要 4 块巧克力！”

“只剩 2 块巧克力了。”

美善买走了最后 2 块巧克力，然后跑去了其他商店。结果其他商店也没好到哪里去。由于低价竞争，大家的收纳盒都空空如也。

“元熙，怎么会这样呢？”

“我也不知道啊。但是我不是跟你说过吗，我们应该提高价格的。”

“啊，我不管，我不管！生意真难做！”时宇双手挠头，大喊大叫起来。

这时候，世完凑了过来：“我就说吧，你们肯定会后悔的。”

说完想说的话，世完转身离开了。但世完不是空着手过来的，他手里端着一个盒子，里面装满了零食。这不是“微笑超市”的收纳盒嘛。

“嗯？什么？你不是不做生意了吗？哎，世完！”时宇有些惊讶，他像兔子一样红着眼睛，一把拦住了世完。

“谁说我不做了，看你们那么拼命，我休息会儿，避避风头。”

世完从抽屉里拿出了“微笑超市”的招牌。

没过多久，同学们都挤到了世完的商店前，因为其他商店的零食都卖光了。

“巧克力要20个微笑币啊，别家才卖10个微笑币。”

“贵是贵，但只有我这儿卖啊。”

客人们的窃窃私语传到了时宇耳朵里。时宇气得肚子都疼了。自己的巧克力只卖 10 个微笑币，还‘买一送一’，世完居然卖到 20 个微笑币，想到这儿，时宇觉得既委屈又羡慕。

“时元超市的老板们，该交税了。”时宇正望着世完的商店发呆呢，税务局局长世静走了过来。

“嗯？税？我发薪日交过税了呀？”

“那是依据每月工资缴纳的

个人所得税，你们不是还做生意吗，我现在收的是你们做生意的生产经营所得税。生产经营所得税是营业收入的 20%。让我看看……”

世静翻开“时元超市”的账簿，开始算数。

“到目前为止，时元超市的营业额是 310 个微笑币，营业税是 62 个微笑币。对了，还有收纳盒的租金，一周 5 个微笑币。总共 67 个微笑币。”

“什么？”

时宇和元熙瞪大了眼睛，两个朋友都忘了一件事。没错，他们不光得缴税，还得交收纳盒的租赁费呢。

“元熙，你有钱吗？”

“没有。我的钱全用来做生意了……你呢，时宇？”

“我也没有。”

存折余额“0”，时宇无可奈何地盯着这个数字看了好几遍。给时元超市进完货倒是还剩下 30 个微笑币，可时宇用这些钱买了日记免写券。

“世静，我们凑不出 67 个微笑币，没法交营业税，这该怎么办呢？”

“别说 67 个微笑币。我们连 1 个微笑币都没有。”

元熙怯生生地发问，时宇在旁边附和道。

世静吃了一惊，反问道：“没钱？怎么会呢？做生意赚的钱都去哪儿了？你们的客人不是挺多的吗？”

“是啊，我们也纳闷儿呢。哎哟，头疼。”

元熙沉默了许久，终于痛下决心：“世静，我现在去银行，把加入整存整取的存款提出来。请稍等片刻。”

只见她手拿存折，拖着沉重的步子，朝银行职员子英走了过去。时宇跟上她，搭着她的肩膀说：“元熙，咱们再接再厉！现在只剩世完的店了，只要卖得比他便宜，客人会回来的！”

元熙没回应。她取消了整存整取。存折上，“中途解约”四个字格外显眼。如果一切顺利，到期后，利息本该是 6 个微笑币，但是因为中途解约，她只拿到了 1 个微笑币的利息。

“世静，这是营业税和收纳盒的租金，67 个微笑币。”

交完钱后，元熙看向时宇，对他说：“时宇，我不做生意了。我们可能不是这块料。”

微笑国经济常识 Q&A

问题 ① 我们能在银行做什么？

1. 存款

“存款”是指把钱托付给银行保管。在银行存款可以得到利息。一方面，人们安全地把钱存入银行并获得利息；另一方面，银行也可以利用人们的存款创造收益。这对双方都是好事。

2. 缴纳税金

我们缴纳税金，不一定非要去税务局。银行也可以代缴税款，需要个人去银行办理纳税账户。具体可以向银行咨询。

3. 兑换外币

当你离开祖国，进行对外贸易或旅行时，你是不是需要外国的货币呢？这时候，银行可以把本国的钱换成外国的钱。反过来，银行也可以把外国的钱换成本国的钱。

问题② 银行付给存款人的利息是从哪儿来的？

人们把暂时不花的钱存在银行里。银行不会把存款人的钱丢在一边不管，而是会把这些钱借给有需要的人或公司，这叫作“贷款”。当然，天下没有免费的午餐，贷款者要给银行付利息。于是，银行收了贷款的利息，就能拿出一部分支付存款的利息了。

问题③ 有哪些储蓄类型？

存款分为“活期存款”“整存整取”和“零存整取”。

活期存款利息很低，但钱随时存随时取，没有任何限制。

整存整取是一次性将暂时不用的钱存入银行，在规定期限后取出。

零存整取则是每月将一定金额存入银行，然后在规定期限后收取相应的利息。本金和利率相同的情况下，整存整取能比零存整取赚到更多利息。但是如果你钱不多，又想多赚点钱，那最好选择零存整取。

3 投资致富

储蓄的两副面孔

不知不觉间，时宇的六年级生活已经过去三个月了。现在气温一点一点升高，孩子们也一件一件脱去厚重的外衣。几天前，他们拿到了第三笔工资。

“都河镇，你怎么老往银行跑啊？人活着总得花点钱吧，你为什么要把所有钱都存起来呢？”

正如时宇所说，河镇把自己所有的工资都拿去购买了存款产品，连到期后收回的钱，也连本带利再次购买了新的存款产品。

“你都不想吃零食吗？”

“我当然想吃，但存钱更要紧。辛苦工作赚来的钱，我可舍不得乱花。”

“你这么努力存钱，是想花在哪儿呢？”

“我也不知道。”

“不知道？那你为什么要存钱啊？真让人郁闷！”

时宇顿时变得像大猩猩一样，双拳轮流捶在胸膛上。时宇和河镇其实是非常合得来的朋友，但是在对待钱的态度上，两个人截然不同。

就在这时，一个声音从后方传来：“把钱全都存起来不是件好事。”

不用回头看，都知道是谁。每次都不请自来，对别人的事指手画脚，除了南世完，还能有谁？

“南世完，你说什么？”

换了平时，时宇会冷冷地顶一句：“关你什么事？”不过这次他没这么说，因为这次世完好像跟自己是一伙儿的。

“我说，把钱全都存起来不是件好事。”

存钱不是件好事！这句话犹如当头一棒，把河镇给说蒙了。

“为什么呢？存钱为什么不好呢？”

世完平静地回答：“啊，别误会，我先澄清一下，

像时宇那样只顾花钱是更不好的。但是河镇，如果大家都像你一样只顾存钱，那么商店的老板就会开始头痛，因为东西卖不出去了。东西卖不出去，商店就会关门，商店一旦关门，在里面工作的人也会失业。这样一来，我们整个班的经济就会变差。这都是存款过多引起的。”

“什么呀，搞了半天还是为了自己的生意。南世完你超市的生意不好，就赖别人存钱太多是吗？最近生意不好啊？”

“拜托，我是方便你们理解才这么解释的。你这么想

我也没话说，不过你放心，我肯定不会像时元超市那样，落得个破产的下场。”

时宇爆发了怒火。世完说什么不好，偏要对时元超市说三道四。

“什么？你这家伙！”

他一把抓住世完的领口。世完心里慌了起来，但表面还故作镇定：“放开我，一点儿绅士风度都没有。”

“绅士？我不是绅士，我是学生。”

“我只是说了自己该说的话。”

时宇握紧了拳头，他真想给世完一拳，但迟迟没有动手。世完问心无愧的模样，让时宇心生犹豫。

他最终还是放开了世完。世完立马转过身来，回到了自己的座位上。

投资老师的体重

“我喜欢在外场看球！选手们的行动尽收眼底。”

“我喜欢内场！去棒球场不就是要享受加油的乐趣嘛。”

打开了棒球的话匣子，孩子们就叽叽喳喳停不下来了。

“我们去买棒球出游券吧，找个时间一起去看棒球！”

“好啊。”

一想到要去棒球场，河镇别提有多开心了，他灿烂地笑着，露出了洁白的牙齿。另两位朋友——时宇和元熙的脸上却布满乌云，因为他们的钱不够买出游券。时宇叹了口气，悻悻地说道："出游券要800个微笑币，但我只有100个微笑币。"

元熙也跟着叹了口气："唉，我也只有100个微笑币。"

河镇按了按他脑海里的计算器，说道："时宇，你交完税后，工资是190个微笑币吧？"

"是啊。"

"那么，190乘以三个月……是570个微笑币，你还有100个微笑币，对吧？"

"对。"

"那总共才670个微笑币。就算你三个月一分钱都不花，也买不到出游券啊。"

"天哪，我该怎么办。"时宇抓耳挠腮，难过得不得了。

这时，世完不知道从哪儿冒了出来："投资的话，你倒是有可能攒够这些钱……"

世完扔下这句话就走了，像一阵风，来无影去无踪的。

元熙诧异地嘟圆了嘴，说道："世完刚刚说什么？投资？时宇，你也听到了吧？”

“嗯，听到了。又在那儿装腔作势。”

时宇对世完的话假装不在意。但他怎么可能不在意呢，“投资”可是能攒到钱的呀。这两个字仿佛一道光，刺穿冥冥黑夜照耀下来。对世完的话，时宇甚至有些感激呢。

“我们来投资啦！”

时宇和元熙煞有介事地来到投资公司职员妍斗面前。

“亲爱的顾客，你们打算投哪只股票，投多少钱呢？”

妍斗的问题把时宇和元熙问住了，他们像丈二的和尚，完全摸不着头脑。

“难道你们还不知道投资是什么意思吗？”

“说实话，不太清楚。反正听说一周能赚 100 个微笑币，我们就来了。嘿嘿，这是真的吗？”元熙问了她最想知道的问题。

“是真的。宋义上个月投资了 400 个微笑币，赚了 100 个微笑币，投资收益率是 25%。”

“啊，真厉害，但收益率是什么呢？”

妍斗轻轻叹了口气，紧接着平静地解释道：“仔细听我说哦。投资的收益率相当于存款的利率，100 微笑币，10% 的利率，利息是 10 个微笑币。同样的道理，100 个微笑币，按 10% 的投资收益率计算，收益就是 10 个微笑币。”

“那我要加入收益率 25% 的！什么时候到期呢？三周还是六周？”

时宇把存折递到妍斗面前，元熙也是跃跃欲试的样子，连河镇都悄悄地拿出了存折。

“快点！快帮我投资吧！”

“我也是！我也是！”

“啊，发财了！”

三个人蹦蹦跳跳的，好像自己已经发财了似的。

“孩子们，安静！”

老师不知道什么时候出现了，他把食指放在嘴边，“嘘”了一声。

“对不起。”

“怎么回事？你们怎么这么开心啊？”

“我想投资，投资赚大钱。”

“赚大钱？投资可不是那么容易的。先听我解释一下什么是投资吧。”

一眨眼的工夫，孩子们簇拥到了老师面前。

“孩子们，投资和存款是不同的理财方式，投资

不像存款那样有固定的收益率。没错，投资既没有固定的收益率，也没有到期日。”

“没有固定的收益率吗？”河镇挠着头问道。

“是的。投资的时候，投资对象的价值每天都在变化。也就是说，投资对象的价值增长多少，你的收益就有多少。”

“既然没有到期日，那什么时候能取钱呢？”

“看心情，什么时候取都行。”

“啊？看心情？”

“哈哈，没错，就看投资人的心情喽。一天也行，几个月也行，甚至几年后再取都可以。”

时宇挽着胳膊，下嘴唇抿着上嘴唇——他在数学课上也常常摆出这副姿势，很明显，他还是没太明白投资的意思。

老师：“嗯……大家继续听我讲。在我们班，可以投资的产品有‘今日音乐排行榜名次’‘今日汇率’，还有——说起来还有点不好意思，还有‘老师的体重’。”

“老师的体重？那是什么呀？”

“老师的体重也是一款投资产品。来，我详细解释一下。为了方便计算，这款产品遵循这样的规则：老师的体重每增加0.1公斤，收益率就提高1%。那么，如果老师的体重增加1公斤，收益率会提高多少呢？”

“10%吗？”时宇试探地回答道。

“没错！时宇算得挺快的嘛？”

老师的夸奖让时宇的小脸变得神采奕奕。

“如果时宇投资了100个微笑币，那么100个微笑币的10%，就是10个微笑币，如果投了200个微笑币，就会得到20个微笑币。”

时宇身边的元熙眨了眨眼睛，向老师问道：“万一老师的体重减轻了，怎么办呢？”

“如果体重减轻，收益率就会下降呀。体重每减轻1公斤，就会造成10%的损失。”

“真的吗？那钱岂不是有可能全亏光？”

“没错。这正是投资和存款最大的不同。存款没有风险，但是利息比投资少。反过来，投资的收益比存款高，但如果投资不当，你就得承受损失。”

孩子们叹了口气，他们自然都是不想损失钱的。

“好好想想再决定吧。自己做的决定，要自己承担结果哦。”

老师走出了教室。

眼前的抉择，让孩子们陷入了深深的苦恼之中。率先走出来的是时宇。

“好，我想好了！我要试一试！”

时宇决定投资 100 个微笑币。经过深思熟虑后，元熙也决定投资 100 个微笑币。几天后，河镇也投了 50 个微笑币。

请让我们的老师变胖吧

“时宇！老师的体重减轻了！今天 65.1 公斤。”

看到公告栏上的数字后，河镇跑过来告诉时宇。老师的体重接连增加了两天，但第三天开始下降了。

“你说什么？为什么呀？”

“好像昨天吃得比较少。”

自从投资了老师的体重，时宇、河镇、元熙对老师的饮食状况和吃的食物种类越来越关心了。

“怎么办呢？老师的体重可不能再减轻了……”

元熙的脸上写满了担忧，她看看时宇，又看看河镇。时元超市破产后，她对钱的损失格外敏感。

“不用太担心。这两天一直在增加，只有今天减少而已。老师的体重最开始是 64.7 公斤，今天是 65.1 公斤，咱们还赚了 4% 呢。”

河镇说出了确切的数字，希望元熙能够安心。

“是啊，我们还有希望呢。今天午餐是老师喜欢的炸鸡，他肯定没少吃。”

时宇和河镇一唱一和，可惜两人的话并没有减轻元熙的担忧。投资确实比存钱更有可能挣大钱，但投资以后，大家的神经都一直紧绷着。时宇和河镇虽然不露声色，但他们心里也在打鼓呢。

“66.9 公斤！今天也增加了 0.2 公斤！啊，太好了！”

看到公告栏上老师的体重后，时宇发出了欢呼声。起初，老师的体重是 64.7 公斤，几周内增加了 2.2 公斤，这意味着 22% 的投资收益率。

“啊，朱时宇，你赚大了。早知道这样，我也不

欧耶
欧耶
欧耶!
22%
欧耶
欧耶
66.9kg
65.1kg
64.7kg

收回投资了，继续把钱放在里面该有多好啊。”元熙羡慕地看着时宇。

“是啊，我说等等吧，让你没听大哥的话。”

“现在要不要重新投呢？”

元熙的忧虑，催促她在投资第四天取出了所有的钱。

“我今天要把投资的钱取出来！”河镇仿佛下定了决心。

“为什么？体重这不一直在增加吗？”时宇对河镇的决定感到诧异。

“22% 够高了。其实 15% 的收益率我就很满意了，22% 已经超出预期了。”

“朋友！梦想要远大！ 22% 就满足了？”时宇不知哪里来的自信。

“反正我还有积蓄，投资的收益有多少算多少吧。这已经比银行利息赚得多了。而且，世完说过，最好在恰当的时候收回投资的钱。”

“什么？倒霉蛋南世完？”

一听到世完的名字，时宇就皱起了眉头。

“嗯，世完是有点装模作样，但不得不承认，他是我们班最会理财的。”

“确实。”元熙也赞同河镇的话。

时宇不乐意了，跳起来反驳道：“谁说南世完擅长理财的！他超市的生意不好吧？”

“不，时元超市倒闭以后，他的生意好像挺好的。”

“他的工资比我低啊！”

“但现在世完手里的钱应该比你多吧？”

“这……这是因为他是个小气鬼，不舍得花钱！”

河镇和元熙都在替世完说话，时宇莫名感觉自己遭到了背叛。

“我要让你们知道，南世完错了。老师的体重肯定会增加的！南世完是错的，我才是对的。走着瞧！老天保佑，让我们的老师变胖吧！”

微笑国投资公司
投资产品列表

❶

老师的体重

66.9 kg

(▲ 2%)

❷

今日音乐排行榜名次

税务男孩

12 名

(▼ 5%)

❸

今日汇率（美元）

1,135 元

(▲ 10%)

微笑国经济常识 Q&A

问题 ① 存款不是绝对的好事？

如果每个人都存钱，那就没人拿出钱来消费了，对不对？这样一来，餐馆和超市的客人就会减少，店里的员工也无事可做了，于是商店就会裁员。最终，失业的人会越来越多，而失业的人为了省钱，消费也会更少。因此，如果人们存款过多，国家经济就会变得困难，而这一状况被称为“储蓄悖论”。大家是不是都以为储蓄是件好事呢？其实事情没那么简单。为了国家的经济和我们自己的利益，我们需要均衡地存款和消费。

问题 ② 什么是投资？

如果你有闲钱，可以把它交给银行，并从中获得利息。但如果你想获得更多利润，你可以考虑投资。典型的投资产品包括股票和基金。

建立公司需要很多钱。此时，公司为了得到所需的钱，就会向人们出售公司的权利。像这样筹集大家的钱成立的公司，叫作“股份有限公司”。给公司投资的人成为公司的主人，即“股东”，并拿到与他们投资金额相应的“股份”。如果公司上市后，赚了很多钱，股票的价格可能会上涨，股东们因此获利；反过来，如果公司没有赚钱，股票的价格可能会下跌，从而造成损失。

如果你不确定在哪里投资，可以考虑“基金”，即把钱交给投资专家[1]。基金经理们都是投资专家，当你购买基金产品时，他们会将你的钱投入有增长潜力的公司的股票或债券中。基金经理帮助你管理资金，所以你需要向他们支付费用，但这笔钱不是白给的，因为把钱交给专家保管，你的资金会更加安全。

问题 ③ 投资是危险的吗？

投资与存款不同，前者不能保证本金的安全。如果你投入了全部财产或借债投资，但投资的公司经营状况不断恶化，那你可能会损失惨重。明智的投资方法，是把投入的本金控制在你的承受范围内，那么即便这些钱全部损失，也不会给你的生活造成困难。

换句话说，投资可能比存款有更大的回报，但同时也有更大的风险。因此，谨慎一些，详细了解投资产品后再做出判断，是非常重要的。

1 基金也有一定的风险，但因为是由专家投资，所以风险低于股票，但高于银行存款。

4

始料未及的危机

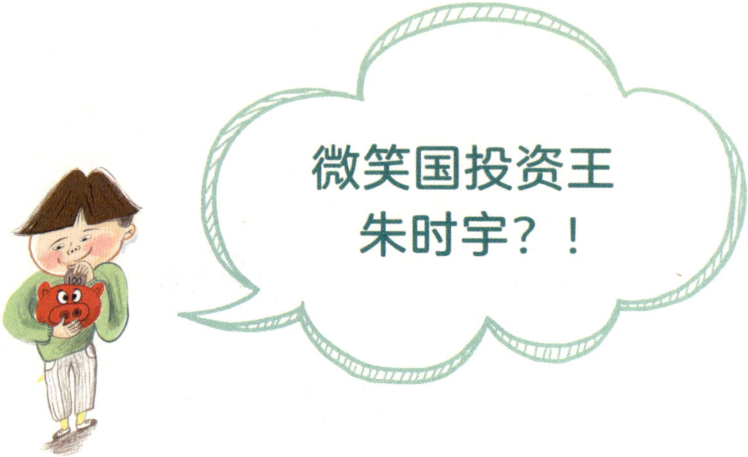

“啊，时宇，你说得对！”

正如时宇所期望的那样，老师的体重一直在增加，今天已经涨到 68 公斤了，比昨天还多 0.1 公斤呢。

“哈哈，请叫我投资王朱时宇！现在的收益率是 33%，赚了 33 个微笑币啦！”

时宇正得意呢，突然，一阵喧闹声从教室后面传过来。

“啊，世完，你投资赚了 200 个微笑币吗？太厉害了！”

“你是怎么赚到 200 个微笑币的？”

消息不胫而走，孩子们都听说世完赚了大钱，于是纷纷跑过来请教。

“什么？ 200个微笑币？”时宇目瞪口呆。

世完微笑着回答道：“没什么大不了的。自从投资了老师的体重，我就开始关注老师的饮食，每天都去问一遍。我听老师说，他最近晚上约会多，吃了很多好吃的，所以决定抓住时机。不过，现在是时候收回投资的钱了，因为……”

“赚了200个微笑币，那你的收益率是多少呢？”

元熙打断了世完。

“40%。”

“啊，40%，太厉害了！比时宇的33%还高，世完才是真正的投资王。”

时宇的妒火熊熊燃烧起来。几分钟前，他以为自己是当之无愧的投资王，没想到世完的出现扭转了局面。

“我一定要打败世完！”时宇的心中再度燃起投资的欲望。

时间过得飞快。今天是第一学期的最后一天，暑假的序幕就要揭开了[1]。由于暑假期间用不到钱，大多数孩子都打算购买六周的存款产品，因此，银行职员子英和世完忙得不可开交。

1 韩国的入学时间是每年三月份，而中国的入学时间是九月份。

“时宇，我们去存款吧。”河镇拍了拍时宇说。

时宇沉默了一会儿，接着有点赌气似的说道：“我不存钱。”

“为什么不存啊？提前加入整存整取的话，第二学期一开学，你能拿到好多利息呢。”

“我要继续投资！”

时宇心里盘算着，只要老师的体重再增加一点，自己的收益率就能超过 40%，这样一来，他就能打败世完了。

“我要投入所有的钱。”

“如果老师的体重减轻了怎么办呢？”

“可是存款的利息太少了，存 6 周，利率也只有 8%。放假期间，但凡老师的体重能涨 1 公斤，收益就比银行利息多。”

说完，时宇从座位上站了起来，朝投资公司职员研斗走去。河镇不知道时宇的决定是否明智，但他也没拦着时宇。时宇一旦固执起来，是没人能拦住他的。

“时宇，我也去！”

元熙追上时宇，两人一起前往投资公司。没想到，已经有两三个孩子在妍斗面前排起了队，看样子他们也有同样的想法。购买了投资产品的时宇，已经开始期待第二个学期开学的日子了。

放假期间老师的体重会增加多少呢？3公斤？4公斤？但愿老师多吃点好吃的，多长点肉。

时宇沉浸在幸福的想象中，嘴角露出了笑容。

“朱时宇，假期过得怎么样？”

河镇跨过校门，追上时宇，把手搭在了时宇的肩膀上。时光飞逝，转眼间，第二个学期开学了。两个朋友好久没见了，因为放假期间，河镇一直住在乡下的亲戚家。

“过得挺好的！河镇，你跟放假前好像有点不太一样啊？”

“胖了对吧？我姥姥给我做了好多好吃的。”

“好幸福啊。真是的，假期怎么这么短呢？放假和上学的时间换换不行吗？放假五个月，上学一个月。”

“好主意！”

两个人叽叽呱呱一路聊到教室所在的走廊，聊得正开心呢，突然看到元熙从教室里跑了出来。

“时宇，你快进来看啊！坏了，出大事了！”元熙冲着时宇大喊道，焦急得像热锅上的蚂蚁。

“怎么啦？”

元熙没多解释，一把抓住时宇的书包，把他拉进了教室。时宇连室内鞋都没来得及换呢，光着脚就进了教室，匆忙之间，只见元熙指了指公告栏，开口说道：

“64.2 公斤！”

“哎呀，怎么回事儿，64.2 公斤！”

时宇惊讶地张大了嘴巴。放假前，老师的体重有 68 公斤呢，但是现在只有 64.2 公斤。

“喂，该不会弄错了吧？怎么瘦了这么多啊？不可能吧，不能这样啊！”

时宇慌了，说话像连珠炮似的，极力否认眼前

看到的数字。

“天哪，老师为什么瘦了这么多呢？”

换好室内鞋的河镇晚了一步走进教室，看到公告栏后，他也吓了一跳。

“该不会有人恶作剧吧？老师都还没来呢。”

“没错，肯定是有人在恶作剧！老师来了就会改过来的。”

时宇和元熙不敢相信公告栏上老师的体重。不，准确地说，他们是拒绝相信。

不知过了多久，教室里响起了吱嘎吱嘎的推门声。

“孩子们，早上好啊。大家假期过得开不开心？”

抬头之前，时宇先拿双手捂住了眼睛，想象着一个变胖的老师，然后慢慢地，他先睁开了一只眼睛。哎哟！原来像仓鼠一样胖嘟嘟的老师，脸上的肉怎么全都不见了？顿时，时宇小脑袋里只有一句

公告
老师的体重 64.2 kg
64.7
65.1
66.9
64.2
64.2 kg
完了……
全完了

话在嗡嗡回响："完蛋了！"

河镇一脸惋惜地看看时宇，又转过头看看元熙——两个人的表情一模一样。

"老师，你怎么瘦了这么多啊？"

"嗯，老师反省了一下，第一学期实在胖了太多，所以暑假就减肥了。怎么样？瘦了很多吗？我好像说过我要减肥吧，你们不记得了吗？"

"竟然减肥！"时宇完全不记得老师说过这样的话。

这时，世完走进了教室。看到世完，时宇依稀想起，世完在放假前收回了投资的钱。他知道老师要减肥吗？好吧，他肯定知道。为什么自己不像世完那样，多关心老师吃了什么、做了什么呢？

时宇难过极了，悔恨的感觉如浪花般翻涌而来。

"时宇，怎么鞋子都没穿就那么光脚站着呢？"

时宇低头看了看自己的脚，老师不说，他都忘记这茬了。于是，他深深叹了口气，有气无力地一步步挪到了鞋柜旁。

工作突然消失了

暑假前意气风发的时宇现在泄了气。

“时宇，不用太担心。钱再赚就好了。”可惜河镇的安慰丝毫不起作用。

“唉。”又是一声深深的叹息，看时宇的样子，好像天都要塌了。元熙也跟着叹了口气。她把一半的钱用来储蓄，另一半用来投资，情况倒是比时宇好些。

“河镇，真羡慕你。利息是 8% 吧？”元熙向河镇投去了羡慕的眼光。

“嗯。马上就到期了。我不是说了吗，投资有风险，一定要小心。”

“你怎么没使劲儿劝劝我呢！”

时宇哭丧着脸，他多想把时间拨回到放假前啊。

“我再也不投资了！投资不好！”时宇信誓旦旦地宣布。

“投资不是坏事，只是不能像你这样。”世完一边说着，一边递出时宇的存折。放假期间，存折暂由老师保管，世完这会儿正给朋友们分发存折呢。

“南世完！我都这样了，你还来煽风点火？走开，别没事找事！”时宇翻了个白眼，没好气地说。

“谁没事找事了，我这是好心劝告。”世完接过时宇的话。

“好，你真棒。”

时宇讨厌爱耍帅的世完。但不得不承认，世完理财真的很有一套，值得自己学习。于是时宇不顾有点受伤的自尊心，硬着头皮问道：“那我应该怎么投资呢？”

“投资的判断依据，是可靠的信息，而不是盲目的感觉，盲目投资不会有好下场的。不过话说回来，时宇，你现在还有工夫担心这些问题吗？”

“什么意思？”

“你没看到公告栏上的报道吗？”

“怎么回事！走廊清洁工的工作即将消失，凭什么呀？”

时宇一脸无辜地盯着公告栏。看样子，这是报社记者世雅刚刚贴上去的报道。新报道的张贴悄无声息，但报道里的消息却着实令人震惊。

微笑国即将出现失业者

第二个学期开学后，学校餐厅的维修工程全面竣工。因此，从第二个学期开始，同学们不用再在教室吃午餐，而是统一前往餐厅用餐。由于这一变化，原本负责教室供餐配餐的供餐助理工作马上就要消失了。

此外，为了给同学们创造舒适的学习环境，走廊的清洁工作将交由保洁公司负责。目前，学校已经与一家保洁公司签约，该公司将于下周开始投入工作。这意味着，走廊清洁工的工作也会消失。

……

由于以上种种原因，微笑国即将出现失业者，零失业率的好形势也即将被打破。

《微笑日报》记者 刘世雅

“时宇，那你就不用打扫走廊了吧？多好呀！”

元熙这话说得有点没眼力见儿。在所有清洁工中，时宇是唯一一个负责清扫走廊的，还偏偏就让他碰上了。

“傻瓜，这可不是件好事，时宇要丢工作了！”河镇责备道。元熙这才明白过来，懵懵地点了点头。

“如果工作消失了，那会怎么样呢？”

“不工作的话，就拿不到工资了吧？无业游民就此诞生。”

不知道是不是打击太大了，时宇僵在原地一动也不动。屋漏偏逢连夜雨，投资已经亏了那么多钱，现在连工作都丢了！“为什么倒霉的总是我。”时宇心想，他实在是气不过，郁闷感一阵阵泛上心头。

“啊——”时宇的尖叫声回荡在教室里。

担任供餐助理的同

学们也突然失去了工作。不久前，他们兴致勃勃地在十三岁迎来了第一份工作，现在竟然成了失业者。“失业的人越来越多”，时宇本以为这种事只发生在新闻里，没想到现在，自己也亲身体验了一番，真是难以置信。

时宇现在的压力像山一样大。马上就要交下个月的电费和健康保险费了，这可怎么是好。第二学期的健康保险费涨了，现在是 10 个微笑币，由于空调用得多，电费也涨到了 15 个微笑币。时宇跟税务局确认过，自己没有收入，所以不用交税，但是这 25 个微笑币免不了得交。时宇倒是还能拿出这些钱，但他恐怕没法随心所欲地购买喜欢的零食和日记免写券了。

“时宇，我们不能和老师一起出去玩了。”

“啊？开什么玩笑，怎么这么贵啊！下个月的出游活动竟然要800个微笑币，那我是没指望参加了。”

河镇拿胳膊肘戳了戳了元熙。每到这个时候，元熙总是少点眼力见儿。

“你存折里还有多少钱？”河镇想了解一下情况。

“大概还有200个微笑币。但是这些钱我得留着，我现在又没有工资，以后每个月还得交健康保险费和电费。”

河镇感到遗憾，要是时宇和元熙一起去，出游肯定更好玩。不过河镇太想出去玩了，即便没有两个朋友陪伴，他也还是要去的。

“时宇，别担心，不会一直失业的。说不定老师会给你一份新工作呢，或者让你从剩下的工作里重新选一个。”

“说得轻巧，丢工作的又不是你。”

不好的事接连发生，时宇难免变得有些刻薄。他心想，河镇和元熙又没失业，怎么能理解自己的心情呢。但这确实不是他们的错，不应该无缘无故对他们发火的。真正让时宇恼火的，其实是他自己。

“早知道就少吃点零食，少用几张日记免写券了。”

时宇真想回到过去，敲敲当时那个时宇的脑门，让他清醒清醒。

“早知道就不在做生意的时候逞强了。”

时宇又想起经营时元超市时做的亏本生意，真想冲着那时候的自己臭骂一顿。

“早知道就存点钱了。”

“早知道就不做走廊清洁工了，像河镇和元熙一样选择别的职业。”

后悔的事接踵而来，但是现在后悔也没用了，这让时宇越发郁闷。

“我为什么会沦落到这个下场？没想到自己竟然会失业，为什么没提前做好准备呢？更重要的是，接下来我该怎么办呢？”

给我的信用评分

“您好，我要购买出游券！”

“您打算购买哪种出游券？有棒球场出游券和电影院出游券。”

“我要一张棒球场出游券。”

“棒球场出游券是 800 个微笑币。”

河镇找到负责销售出游券的公务员，买了一张出游券。

“请收好。棒球场出游活动是下周三。”

“嗯，好的！谢谢。”

河镇高兴得快要飞起来了。棒球场出游由老师带队，距离出游的日子只剩一周了，买出游券的孩子越来越多。

“开心吗？”时宇和元熙问道。两个人的姿势一模一样，双臂交叉抱在胸前，脸上气嘟嘟的，像在照镜子似的。

“当然开心了。”

河镇当着时宇的面儿，挥舞着刚买回来的、崭新的棒球场出游券。时宇伸手去抢，河镇赶忙把出游券藏在身后。

“啊，真来气！”时宇伸手抓了个空，顺势“咣当”一拳砸在桌子上。

“一共几个人买了出游券？”元熙松开胳膊问河镇。

“买棒球场出游券的有五个人吧，买电影院出游券的人好像更多。元熙，你要是能一起去就好了。”

元熙也买不起出游券，虽然不像时宇那样没了工作，但时元超市生意失败和投资失败，还是让她损失了不少钱。

“去棒球场的都有谁？”

“我和建赫、正焕、秀晶、世完，好像是我们5个人。”

“什么？南世完？南世完要去棒球场？他也喜欢

棒球吗？”

“是啊，挺意外的吧。还以为他整天埋头看书，不喜欢棒球之类的运动呢。”

时宇好像对世完要去看棒球的事儿不太满意，嘀咕道：“南世完这家伙，估计去了也看不懂，还不如把那张出游券给我呢。你们说，还有什么办法能去棒球场看球呢？”

对于出游券，时宇还是没死心。

“没错，我知道了！信用卡，我要办信用卡！”

时宇的话让河镇和元熙有点摸不着头脑，他们不禁反问道：“办信用卡？”

时宇不知道从哪儿听说了“信用卡”这个东西。

“是的！本人发现这个世界上有信用卡这么个东西。听说我妈妈出去逛街的时候就是信用卡结账的，不用付现金。所以我想，我也可以先用信用卡买一张出游券，以后再还钱就行了。”

“嗯，话是这么说……”河镇多少觉得不妥，但没继续往下说。他听妈妈提起过，信用卡用不好，可是会出大事的。

“这个信用卡是谁都能办的吗？”元熙似乎也产生了兴趣，不过时宇还没来得及打听这些细节。

“不是谁想办就能办的吗？”

“是吗？好像不是吧……”

“元熙，你要一起吗？我们一起去办信用卡吧！”

河镇刚想解释，结果一下子被时宇打断了。时宇猛然从座位上站起身来，元熙也跟着站了起来。

“多恩！不，亲爱的信用评价委员，请给我办张信用卡吧。”

“信用卡可不是谁都能办的哦[1]。我们需要检查您

1　银行有信贷管理部，用来评估客户的征信。在中国，未经批准，不能从事个人征信业务。

的信用评分。”

“那是什么？我不管，反正快点给我办就好了。”时宇催促道。

“耐心等等。凡事都得有个过程呀。”

多恩翻阅了信用评价记录簿。

“时宇，你的信用评分是 170 分，根据微笑国的信用评价标准，你的信用等级是 9 级。”

“9 级？啊！这个等级很高吧？不愧是我朱时宇。”

“不，正相反。最高分是 1000 分，最好的等级是 1 级。”

“多恩，我有多少分呢？”元熙和河镇也过来问多恩。

“元熙，你的信用评分是 430 分，等级是 6 级。河镇的信用评分是 800 分，等级是 2 级。”

“9 级，为什么我的等级这么低？没搞错吧？”

看到自己跟朋友们之间有这么大的差距，时宇有点慌张。

“请稍等片刻。我再检查一遍。”

多恩又仔细看了

看记录簿。

“时宇，你确实是9级。因为你经常迟到，作业和日记不按时上交，从图书馆借的书也到期未还，所以信用评分大打折扣。你看，这里面都记着呢。”

“迟到和图书逾期，这些跟信用评分有什么关系啊？”

“在社会上，如果你按时还清借来的钱，你的信用评分就会上升；反过来，如果你不能按时偿还，信用评分就会下降。同样的道理，在我们班，我们会根据时间的遵守情况来计算你的信用评分。”

“哦，怪不得要记录作业和日记的上交情况呢。”元熙恍然大悟。

“别管这些乱七八糟的，给我办张信用卡吧。”时宇开始耍赖皮。

“喂！信用评分这么低，凭什么给你办信用卡啊？信用卡只给那些信用评分高的人办，因为他们有能力还钱，更值得信任。”

“这么说，我连信用卡都办不了吗？”

自己的信用分数低，所以办不了信用卡。得知这个消息后，时宇再次陷入了苦恼。

微笑国经济常识 Q&A

问题 ① 为什么会出现失业者?

失业者，指的是那些有能力、有意愿工作却找不到工作的人。失业的原因有很多，可能是工作不适合自己，可能是出于健康原因，也可能是因为公司倒闭而被迫失业。不仅如此，随着科学技术的发展，人工智能（AI）和机器人也会渐渐取代过去的一些工作，就业机会因此减少。失业不仅仅是个人问题，社会上的每个人都有可能失业，所以，这也是每个人都应该关心并努力解决的社会问题。

问题 ② 为什么信用评分[1]很重要?

让我们来设想一下。假如你借了东西给你的朋友，但是朋友不仅没有在约定的日期归还，还一直拖延，你会怎么想呢？你会生气吧，对他的信任也会消失。同样的道理，对于那些可能不会还

---

1 中国目前有很多银行、金融机构在做自己的信用评分，但还没有官方的、统一的信用评分体系。

钱的人，银行也不愿意借钱给他们。这时，“信用评分”的重要性就体现出来了，因为它可以帮助人们以数字的形式，更直观地了解“一个人在金钱方面的可信任程度”。信用评分低，则不能向银行借款，也不能办理信用卡。因此，平时管理好自己的信用评分是非常重要的。

问题 ③ 只要有信用卡，就能随便花钱了吗？

近年来，很多人去商店或餐厅时，不再使用现金结账，而是使用信用卡。一张信用卡在手，去哪儿都能用，十分方便。不过，信用卡可不是一张魔术卡，里面的钱也不是源源不断一直都有的。信用卡的真面目，其实是一张借债卡，你提前支取里面的钱，并承诺在约定的日期归还。如果约定的日期到了，你却没有还钱，就有可能成为信用不良者。因此，我们要有理智、有计划地花钱，而不是盲目消费。

5

不在同一个地方跌倒两次

创造一份新工作怎么样？

“昨天真好玩，对吧？”

“是啊，幸好去看了比赛，要不肯定会后悔的！”

“亲眼见证那个反败为胜的本垒打，真是太赞了！”

去棒球场看了比赛的一群人聚在教室的角落里，谈论着昨天激动人心的比赛，有的孩子嘴里还哼着棒球队的助威歌。

“炸鸡也好吃，对吧？”

人群中也有河镇的身影，时宇和元熙似乎有点儿不高兴了。

“竟然一个人去……我听到了友谊破裂的声音。”

时宇从电视上观看了转播，昨天的比赛有多精彩，他清楚得很。无奈之下，他习惯性地打开存折看了看余额。

93 个微笑币。失业后，时宇一直没有工资，再这样下去，他下个月可能连健康保险费和电费都交不起了。时宇的表情严肃起来。找份新工作并不容易，因为微笑国的工作岗位数比人口数少。

“喂，时宇。别再皱眉头了，玩投接球吧。”

“好吧，玩玩释放下压力。”

时宇和元熙跑到操场上，一来一去地投起了球。不一会儿，河镇和世完也来到了操场上。

“朋友们，咱们一起投接球吧？”

“什么？一起？”

时宇对世完的话感到无语。他心想，我跟你很熟吗，谁要跟你一起啊？再说了，世完不是不喜欢运动吗？一声“不要”差点脱口而出，但是时宇转念一想，这可是个绝好的机会啊——打败世完的绝好机会。

“好吧。一起玩吧。”

“什么呀，姿势太糟糕了！哈哈哈！”

看到世完扔球的样子，时宇捧腹大笑。世完很想好好表现，可是迟钝的运动神经一直拖他后腿。有一次，他努力去接球，结果“咣当”一声摔倒了，起身时又被自己的脚绊了一跤。

“你在演杂技吗？”

孩子们捂着肚子笑了起来。世完坐在地上直挠头，尴尬之余，他看到时宇向自己伸出了手。

“南世完，原来你也有做不好的事啊。”

时宇一直觉得世完什么都好，简直像个完美无缺的机器人。现在世完狼狈的样子，终于让时宇看到点自己的影子。世完拉着时宇的手站了起来。

“我做不好的事多得很。对了，你不是没有工作吗，要不要创造一份新工作试试呢？”

“这话是什么意思呢？”

“下个月有六年级的乐乐棒球[1]比赛，你这么擅长投球和接球，可以担任乐乐棒球教练啊。”

“乐乐棒球教练？”

“嗯，教那些不会的人，帮助咱们班赢得球赛。”河镇在旁插了一句。

“任何人都可以自己创造职业吗？”

“当然。旧的工作会消失，新的工作也会出现呀。你写一份职业申请书吧。”

---

1 一种改良过的棒球运动，在韩国中小学非常受欢迎。使用特定的泡棉制棒球器材，有打不远、打不破玻璃、被打到也不会受伤的特点，安全、不占地方，适合在校园和体育馆里玩。

撰写 职业申请书

“这样就差不多了吧？”

时宇先把自己写的职业申请书拿给河镇和元熙看了看，纸上爬满了时宇歪歪扭扭的字迹。

职业申请书

- **提案人**：51 号 朱时宇
- **新创造的职业**：乐乐棒球教练
- **这份工作的价值**：下个月有六年级的乐乐棒球比赛，为了咱们班能赢，大家必须加强练习。

而练习中，给同学们提供指导的教练角色必不可少。

- **这份工作的内容：** 向朋友们教授投球、接球和防守的技巧，让乐乐棒球不再难学。上课时间暂定为每天放学后。
- **这份工作应该得到的月薪：** 250 个微笑币。

提案人：朱时宇

“怎么感觉不太靠谱呢？”

“你再认真写写吧。还有啊，月薪 250 个微笑币是不是太多了？”

河镇和元熙的批评声扑面而来。

“哎，我绞尽脑汁写了整整一天呢！你们俩不给我加油就算了，还来泼冷水。”

“我们没有泼冷水，只是客观评价而已。”

“好吧，我知道了。但我只能写成这样了，我先提交试试吧。”

时宇多少有点失落，他平时确实喜欢敷衍了事，但这次可是认真的。他来到了微笑国公务员永真面前。

“我是来交职业申请书的。”

“给我吧，结果将在两天后揭晓。”

“两天后才出结果？”

“是的，得花点时间呢。因为职业申请书通过与否，决定权不在我这儿，而是要通过‘新职业创造委员会’的会议决定。”

时宇内心默默祈祷着：“请让我拥有一份新工作吧。”

“时宇，来信了！”

时宇刚从卫生间回来，就被元熙叫住了。元熙摇晃着一个白色信封跑了过来。

“信？什么信啊？”

“邮递员郑国刚刚给你送了一封信，你不在，我就帮你代收了。信封上写着‘职业申请书结果通知’！”

“真的吗？”

时宇连忙从元熙手中接过白色的信封，心脏也跟着咚咚咚跳了起来。

“快打开看看呀。”

元熙催促时宇，一副迫不及待的样子。时宇深吸了一口气，这才打开信封，拿出一张折叠着的纸。他把纸展开一瞧，还是之前提交的职业申请书，只是上面多了两个蓝色的字“通过”。

“啊！通过，通过了！”时宇振臂欢呼道。

“真的吗？是真的吗？”

“当然啦！我骗你干吗？”

时宇难掩喜悦之情，在教室里蹦来蹦去。

“嗯？不过这是怎么回事呢，没有工资啊？”

时宇看到“通过”两个字就开始得意，完全没注意到下面的几行小字。

至少五人报名才能开课。

没有工资。

但是，可以向学习乐乐棒球的朋友们

收取一个月的学费（30个微笑币）。

“同学们，注意啦！朱时宇的乐乐棒球培训班，今天开业啦！”

时宇在班里转了个遍，逢人就发传单。每张传单的图案和字迹略有不同，看样子是时宇自己画的。河镇和元熙跟在后面，把大传单纸像披风一样披在身上。

“为了微笑国的胜利，大家一起加油吧！每天练习乐乐棒球，辅导费只要 30 个微笑币！今天下午放学后，课程正式开始，上课地点是操场！”

时宇乐此不疲地为乐乐棒球课程的招生奔走，河镇和元熙却有点嫌麻烦。

“哎！都给你们免学费了，能不能好好帮我张罗张罗？”

时宇对河镇和元熙的态度很不满。他俩本来是不愿意发传单的，时宇承诺免学费，他们才决定帮忙的。

“知道了，知道了。”

被时宇督促后，元熙和河镇提高了嗓门打广告。为了表达自己的诚意，元熙还煞有介事地让披风传单飘舞起来。

放学了。“乐乐棒球教练”的第一场活动就要开始了。

“到底能来多少人呢？”时宇心里默默嘀咕道。这份工作没有固定的工资，来上课的朋友自然是多多益善。五个人来的话，就能赚 150 个微笑币，十个人的话，就是 300 个微笑币。

不一会儿，想上乐乐棒球课的同学们都来了。

“一，二，三，四，五。”

结果比预期要少，包括河镇和元熙在内总共五个人。两个朋友还是免费的，所以真正的参与者只有三个人。三个人每人 30 个微笑币，算下来只有 90

个微笑币。第一节课让时宇大失所望。

“嗯，南世完怎么没来呢？”时宇心想。时宇开始带领朋友们热身，他意识到世完不会过来了。不是他提议自己做乐乐棒球教练的吗，也不来捧捧场。

“这家伙，说得跟要来似的，结果连个影子都没有……”

“大家辛苦了！明天的课也在这儿上，明天见啦！”

人少缺点儿氛围，不过这堂课还是挺愉快的。做完最后的整理后，时宇走出校门。学校对面有座大楼，炸酱面小吃店就在这座楼上。时宇穿过人行横道，来到大楼前，恰巧看到一个熟悉的身影从里面走了出来。

“嗯？南世完！”

边走边看英语单词本的世完，闻声停下了脚步。

“你去吃炸酱面了吗？”

“乐乐棒球课结束了吗？”

“什么呀。明明知道我在上课还不来？说得跟要来一样，害我白高兴一场。”

“我确实想去。但是没办法，放学后要去补习班呀。”

“补习班？那你为什么是从炸酱面小吃店里出来的呢？”

世完指了指大楼的第三层，那里有个英语补习班。

“我先去了英语补习班，中间抽空吃个炸酱面，过会儿再去写作补习班。对了，参加乐乐棒球课的没几个人吧？”

“是，确实没什么人。开心了吧？”

“我不是这个意思。我是想跟你说说人少的原因。”

“什么原因？”

“首先，很多人像我一样要上补习班，想去但没时间；其次，很多人像我一样没有棒球手套。你想想吧。祝你越办越好。”

留下这句话后，世完匆匆离开了。时宇冲着世完的背影吐了吐舌头。

“还是这么喜欢装帅！不过，谢谢你啦。”

用保险应对风险

“谢谢老师！”时宇向体育老师鞠躬致谢，嗓音特别洪亮。

“你要是不遵守承诺，我立马收回来。明白了吗？”

“明白！”

为了获得礼堂的使用权，时宇缠了体育老师整整三天。不知是被时宇的不懈努力感动了，还是被时宇的纠缠不休惹烦了，反正体育老师是同意他使用礼堂了，棒球手套也借给他用。前提条件是，所有物品使用完毕后必须物归原位，而且不能使用棒球棍，因为棒球棍有点危险。

“没问题，老师！我一定会遵守承诺的！”

时宇再次向体育老师鞠躬，表达感激之情。他刚准备回教室，无意之中，目光扫过了老师桌上的签名球。时宇听说，这次乐乐棒球大赛的优胜班级，可以获得一个棒球明星们的签名球作为奖品，很明显这就是那个签名球。

“啊，我喜欢的选手都签了名呢。”时宇心里默想。

他暗下决心，一定要在乐乐棒球大赛上夺冠，得到那个签名球。

时宇神气地回到教室，好像打了胜仗的将军凯旋。

“朱时宇，老师同意了吗？”河镇和元熙异口同声问道。

“那当然！我是谁？我可是朱时宇，朱时宇啊。有我做不到的事吗？”

“啊！那以后就在礼堂里上课喽？”

“真厉害，朱时宇，太棒了！”

河镇和元熙鼓起了掌，他们是真心为时宇感到高兴。

时宇修改了传单，地点从运动场变更为礼堂，时间从放学后改到午休时间，还加了一句话“可出借棒球手套”。

“这样一来，报名的人会变多吧？”时宇猜想。

果不其然，几个孩子表现出了兴趣。不一会儿，全班同学都凑了过来。

“中午的话，我要不要试试呢？”

“还能借手套呢。我也想去，希望这次比赛咱们班能得冠军。”

又有六个朋友申请参加乐乐棒球课，现在有九个人交学费了，九人中还包括世完。

“时宇，赚大了吧？”世完对时宇说。

时宇掩饰住喜悦，用淡淡的语气说：“还行吧。”

但事实上，他多想冲过去给世完一个大大的拥抱啊！当初提议创造一份新工作的，是世完。给上课时间、地点和手套的使用提建议的，也是世完。时宇犹犹豫豫，终究没有表达自己的心意，因为面子上还是有点过不去。

“啊，270 个微笑币！”时宇看着乐乐棒球课的收入，欢呼道。当然，他还得交税，但这个数额也相当高了。

“啊！把这些钱看作月薪的话，这应该是咱们班最高的吧？”元熙称赞了时宇，话里流露出羡慕之情。

“是吗？哈哈哈！”

先是投资失败，接着是失业，第二学期以来，时宇接连不断地遭受打击。但多亏了新工作，他存折里的钱又多了起来。

“不过你想想，乐乐棒球比赛结束后该怎么办呢？到时候还会有人参加乐乐棒球课吗？”

时宇轻飘飘的好心情，被河镇一盆冷水浇了下来。

“都河镇！这话可真扫兴！”

时宇恶狠狠地瞪了河镇一眼。但河镇没说错，比赛结束后，乐乐棒球课肯定不如现在受欢迎，礼堂和棒球手套没准儿也不能用了。

“怎么办呢……”

时宇的脸一下子阴沉下来。

“喂，时宇。先集中精力上课吧，之后会有办法的。”

元熙的安慰作用不大。失业的经历，让时宇对未来充满担忧。

河镇好像有了好主意，拍了拍手说道：“呀！别担心，我们可以咨询智多星啊！”

“智多星？谁啊？”

“世完啊。”

“世完？”

过去，时宇一听到世完的名字就烦，但现在不一样了，因为世完的话确实帮了大忙，虽然时宇到现在还不想承认。

乐乐棒球课结束后，时宇叫住了世完。

“喂，南世完。”

世完默默转过头，看向时宇。

“我有事想问你……”

世完却举起手，示意时宇等一会儿，他看了看手表，再次抬头看向时宇。

“马上就要上课了，第 5 节课结束后，你来我座位找我吧。”

果然还是那个装帅的大魔王，但这次就原谅你吧，时宇心想。

第 5 节课后，时宇跑去找世完，河镇和元熙也来到了世完的座位前。

“你想问什么呢？”

“嗯，就是……”

时宇刚要开口，不知为何自尊心有点受伤。但自尊不能当饭吃啊，于是他继续问道："是这样，我担心乐乐棒球比赛后，同学们就不来参加乐乐棒球课了。"

"然后呢？"

"然后，然后我该怎么办呀？我岂不是又要失业了？有什么好办法吗？"

"当然有办法。"

"有办法吗？什么办法呢？我要再做一份新工作吗？"

"这倒也行，不过我建议先购买'失业保险'。"

"失业……什么？"时宇反问道。他应该是生平第一次听到这个词。

"那是什么？"

"你是在向我咨询吗？"

"是的。"

"失业保险，是指当上班族失去工作时，国家会发放一些保险金。"

"你是说，失业之后，国家会给钱吗？"

“没错。对了，你知道什么是保险吗？”

“当然知道！那个，那个是……”时宇确实听爸妈说过保险的事，但想解释却解释不清楚。

“汽车保险！我听到妈妈说过。”元熙突然插了一嘴，她也想来装装明白。

“对，这也是保险。所以说，嗯……”聪明的世完也说不出话来了。他自学过保险的知识，但想要解释明白可不是件容易的事。

“世完，老师可以替你回答吗？”老师总是能及时救场。

“好的，老师。”

“回答之前，我想先表扬表扬你们每个人。为了弄清楚某件事而积极努力的样子，真的特别了不起。好，现在回归正题，大家仔细听我讲。保险，是为了应对未来可能出现的风险，汽车保险是其中一种。为了应对车祸而购买的保险，就是汽车保险；为了应对失业而购买的保险，就是失业保险。”

“老师，现在交钱，以后取钱，那保险是不是和存款差不多呀？”河镇提了一个问题。

“这个问题非常好，保险和存款不同哦。存款，是在约定的时间拿回本金和一定的利息，而保险，只有在受伤或生病时才能拿到钱。也就是说，如果你没有受伤或生病，即便你支付了保险费，也不会得到保险金。”

“有可能拿不到保险金啊？那存款不是更好吗？”这一次发问的是时宇。

“但是有时，你拿到的保险金，比交纳的保险费多得多，这是存款利息远远比不上的。”

“既然比存款得到的钱多，那保险是投资吗？”元熙似懂非懂地问道。

世完跟着摇了摇头：“老师，这个问题我可以回答吗？”

“好呀，当然可以。”

世完咳嗽了一声，清了清嗓子，接着一板一眼地说道：“保险也不是投资。投资是为了得到收益，而保险是为了防范风险。受了重伤或生了大病确实能拿到不少保险金，但有人会因此而高兴吗？不，他们只会觉得庆幸，不是吗？”

听了世完的话，孩子们点了点头。

“你们继续聊吧，老师走了。”

老师慢悠悠地走开了。

时宇再一次得到了世完的帮助——虽然这次不是世完一个人的功劳，老师也伸出了援手。时宇的嘴里，蹦出了一句他从来没对世完说过的话：

“谢谢你，南世完。”

感谢的话脱口而出，时宇自己都没反应过来，说完后他有点害羞。接着，时宇转过身去，说要去购买失业保险。没想到，世完紧紧地抓住了时宇的手腕。

“朱时宇。”

世完张大右手手掌，向时宇伸了过来。时宇没明白这是什么意思，疑惑地看着世完。片刻之后，世完用左手食指指了指桌子的角落。时宇把目光投过去，发现那里贴着一张小字条。

理财顾问南世完，咨询费每次 10 个微笑币。

“咨询是要交咨询费的。”

“财务顾问？喂，你不是银行职员吗？搞什么鬼呢？”时宇抬头问道。

“我也创造了一份新工作呀。而且我也得到了许可，咨询费定为每次10个微笑币。你问了保险的事，我给出了方案，咨询完成，请赶快交钱。世上没有免费的午餐。我从早到晚都在学习，连玩的时间都没有，努力可不是白费的。”

真不该对世完说谢谢，时宇心里一万个后悔。

“喂，南世完，我收回我的谢谢！”

“以后还有什么想问的，欢迎随时来问。”

世完似乎并不在意时宇的话。

新职业创造委员会公告

本月职业申请书讨论结果

▶ **乐乐棒球教练**: 教那些不太会打球的朋友如何进攻和防守

→ 许可

▶ **DJ**: 在午餐时间接受同学们点歌，然后播放音乐

→ 许可

▶ **财务顾问**: 为不擅长经济活动的朋友们提供建议

→ 许可

▶ **医生**: 在学校对受伤的朋友进行急救和治疗

→不允许（受伤的朋友必须去医务室接受治疗，没有准确的医学知识的人不能医治别人。）

▶ **日记检查员**: 确认提交的日记内容并盖章

→不允许（日记是个人隐私，其他人不能看。）

微笑国经济常识 Q&A

问题 ① 为什么我的工作会产生或消失？

职业会跟随时代潮流而不断变化。过去没有自来水的时候，有人会打泉水卖泉水。后来，供水设施一步步完善，家家户户每时每刻都能方便地用水，于是卖水的工作消失了。旧的工作会消失，新的工作自然也会产生，比如，计算机的发明就催生了程序员等工作。随着科学技术的发展，未来也许会出现更多智能机器人，或者带人进行太空旅游的太空导游等新兴职业。因此，顺应时代变迁和市场需求，职业会不断地产生和消失。

问题 ② 买保险[1]是不是有点不划算？

让我们假设一个场景，你在路上走着走着，突然被一辆汽车撞倒了，出了事故。你可能需要做手术，或者一直休息到身体恢复为止，所以这段时间你不能赚钱。如果你之前攒了很多钱，自然能轻松应对，但如果没有，那你可能连手术费或住院费都付不起。这时候，如果你提前购买了人身意外保险或医疗保险，你就可以拿到保险金并接受治疗。

---

1 保险有商业保险和社会保险。商业保险是自愿的，内容五花八门，社会保险有些是强制性的。

保险的原理是这样的，面临相同事故风险的人，每个人提前拿出一定金额的钱凑在一起，一旦有人发生事故，就可以从中支取保险金来补偿自己的损失。你可以综合年龄、职业和健康状况等多种因素来选择适合自己的保险，事故风险高的人的保险费较高，而事故风险低的人的保险费相对较低。如果你没有获得保险金，那你可能会认为它不太划算，但健健康康的，不生病不受伤，不是更好吗？

问题 ③ 什么是四大社会保险？[1]

社会保险是由国家提供的保险，目的是为国民谋福利。社会保险具有强制性，每个公民都有参保的义务。“养老保险”是以公民在进行经济活动期间所支付的保险费为依据，在年老或丧失劳动能力（因意外或疾病而死亡或残疾）、维持生计的收入中断时，人们可以领取养老金，以维持基本生活。“医疗保险”是为疾病、意外伤害或事故减轻医疗负担的保险。“失业保险”是为失业者提供保险金，在他们因解雇、裁员等原因失业后，找到新工作前，帮助他们维持生计，是一种为职业培训等提供奖励的社会保险制度。“工伤保险”是指在劳动者因工作而发生意外事故时，向劳动者或遗属支付保险金的制度。

1 中国有五大社会保险，比韩国多一项生育保险，即女性劳动者因怀孕和分娩而暂时中断劳动时，为其提供医疗服务、生育津贴和产假的社会保险制度。另外，中国的养老保险已做到全面覆盖，个体工商户和农村人口都可以参加。

6

嗨，六年级（1）班的孩子们

签名球！我一定要得到你

时间像江河，一直不停地流淌，转眼到了11月。现在天气越来越冷了，学校周围树木的叶子也渐渐开始变红。

时宇购买了失业保险。失业保险的规则是这样的，如果你失业了，你可以每月领取130个微笑币的保险金，直到找到新工作为止。这个数额虽然不多，但足以让时宇感到安心。乐乐棒球课按部就班地进行着，孩子们的努力得到了回报，微笑国在比赛中一路过关斩将，最终挺进了总决赛。

终于迎来了期待已久的决赛！对手是六年级(3)班。

“微笑国，必胜！微笑国，必胜！”

“(3)班，必胜！(3)班，必胜！”

坐在操场观众席的孩子们为各自的班级加油助威，呐喊声点燃了全校同学的兴奋情绪。

“好紧张啊，怎么办？”

“不用紧张，平时怎么练习的，怎么发挥就好。”河镇安抚着不安的元熙。

“开开心心玩，自然会赢的。”时宇也补了一句，希望能缓解元熙的紧张。其实时宇和河镇也同样紧张，他们多么想赢啊，赢了比赛，才能拿下签名球，举办零食庆功派对呀。比赛由微笑国率先发起进攻。

“必胜！加油！”微笑国的选手们围在一起大声喊着加油，大部分参赛选手都是参加时宇乐乐棒球课的孩子们。

“各就各位，预备，哔——”

体育老师的一声哨响，拉开了比赛的序幕。微笑国的第一个击球手是河镇。他深呼吸，定了定神，然后看准球，一棒子挥了出去。球飞得很远，在空中划出一条漂亮的抛物线。这一球没被任何人接住，

成了安打。[1]

“啊！”一边是微笑国孩子们的欢呼声，另一边则传来（3）班的叹息声。比赛以河镇的安打开场，如火如荼地进行着，双方实力相当，比分一上一下追得很紧。

1-0。

1-1。

3-1。

3-4。

1　棒球术语，指击球手击出界内球，使自己至少能安全上到一垒的情形。

6-5。

不知不觉间，比赛已经接近尾声。

“（1）班领先一分！现在（3）班是满垒[1]，但是如果石民出局，（1）班就会赢得胜利！”

体育老师分析了现状。（3）班的石民是本场比赛最后一名击球手，他已经就位，做好了击球的准备。胜负在此一举，只要石民击出安打，微笑国就有输的危险。大家都屏息凝神，齐刷刷地看向石民的球棒。

1 指一、二、三垒都有跑垒员。如果下一棒是安打，就至少能得一分。

“大家专注！专注！”在游击手位置防守的时宇向朋友们喊道。

“把球击到我这儿吧。我会让你出局的。”时宇心想。

石民气势汹汹。他紧紧盯着球，找准时机，全力挥出了球棒。说时迟那时快，球结结实实挨了一棒，飞奔出去。时宇为了接球，开始往左边跑，可是他跟球的距离似乎并没有缩小。没有别的办法了，时宇只好使出吃奶的劲儿，纵身向前一跃，同时伸出了手套，然后——他闭上了双眼。

“啊！”观众席爆发出欢呼声，如滚动的雷鸣震彻全场。摔倒在地的时宇也听到了声响，但他不确定这是微笑国的声音，还是（3）班的声音。时宇慢慢睁开眼，张开手套往里一看——手套里有一个黄色的棒球！

“出局！”体育老师紧握着右拳，宣布石民出局。与此同时，微笑国的同学们纷纷全力向时宇跑去。

“时宇，我们赢了！”

“恭喜微笑国！大家都辛苦了！”

老师和孩子们围坐在一起，享受着零食派对。比赛结束了，但夺冠的喜悦感还久久没有离去。

“时宇，你真是太帅了。”

“要不是时宇，我们就输了。”

听到孩子们的称赞，时宇扬起了嘴角，他的微笑也迟迟不肯走。

过了一会儿，秀晶举起手问老师：“老师，我们赢来的奖品——签名球要怎么处理呢？”

“不是说好了班里展示吗？”元熙替老师回答道。

“那我们毕业以后呢？”秀晶转头问元熙。

“嗯，那倒也是。”

“老师！我！我想要！我早就想拥有它了！”

“喂！朱时宇，凭什么给你啊？虽然你贡献很大，但这样可不公平吧。”

“没错，这样不公平。要不我们石头、剪刀、布决定吧？”河镇也愤愤地说出了一句，看来他也想拥有签名球。

“是啊，我也想要呢！”

“我也是，我也是！老师，给我吧！我在第一轮比赛中击出了本垒打[1]呢！”

“我也想要！虽然我没有参加比赛，但我加油助威是最卖力的！”

孩子们争相抢夺签名球，教室里顿时一片混乱。

“要不这样吧，我们举办一场拍卖会，看看谁能买走签名球。”老师建议孩子们拍卖。

“拍卖？”

“老师，拍卖是什么呀？”有些孩子并不知道拍卖的含义。

“拍卖是一种出售物品的方式，如果很多人都想买某样东西，那么出价最高的人就可以得到它。既然想要签名球的同学这么多，那我们就拍卖决定吧。时间就定在寒假结束后的 2 月吧。”

“啊，希望 2 月快点到。”

---

1 指击球手在击球后不间断跑垒，依次经过一、二、三垒并安全回到本垒得分的情况。

“不仅如此，同学们家里如果有闲置的物品，也可以拿过来拍卖。你不需要的东西，没准儿其他人需要呢。这些物品也在拍卖范围内哦。”

“啊，好！”

“天哪，人竟然变多了。”看着聚集在礼堂里的微笑国同学们，元熙惊叹道。比赛之前，学习乐乐棒球的共有 12 个人，本以为比赛结束后大家都不会再来了，没想到人数反而增加了。

“早知道这样，你就不用购买失业保险了。现在钱也没拿到，白忙活一场。”

真的是白忙活一场吗？元熙的话似乎也有道理，但时宇马上转了念：“不是这样的，多亏了保险，我才能安心呀。况且我现在赚的钱，可比 130 个微笑币的保险金多得多，还能享受打球的乐趣。”

没有拿到保险金的遗憾，和没有失去工作的欣

幸相比，后者完胜。

“不管这个了，话说，你们都想买签名球吧？”元熙突然想起了签名球，于是改变了话题。

“我在犹豫。签名球是不错，但出游也挺有意思的，我琢磨着，要不要 2 月再买一次出游券。”河镇还没有确切的答案。

“时宇，你呢？”

“我无条件选择签名球，我喜欢的所有球员都在上面签了名呢。”

话虽如此，时宇也有自己的烦恼，在拍卖日到来之前，他该如何理财呢？

“要存钱吗？还是投资呢？存款的利息少了点，但投资的话又失败了怎么办呢？我还想吃零食呢，日记免写券也想买。”众多想法在时宇的小脑瓜里乱作一团，就在这时，一个球滚到了时宇脚边，打断了他的思考。

“朱时宇，把球扔过来好吗？”

世完向时宇挥舞着手套。时宇从地上捡起球，扔给了世完。球不偏不倚地落进世完的手套里，都不用世完费力去接。

“啊！不愧是朱时宇，真厉害。”元熙赞叹道。

“唉，要是理财也像棒球这么擅长就好了。”时宇感叹道。

700 个微笑币计划

时宇来到了微笑国银行职员子英这儿。

乐乐棒球课上挣来的钱与其就那么放着，不如存进银行。

“您好，我想整存整取。”

“您好。好的，请把存折给我吧。”子英热情地接待了时宇。

“时宇，你得先把存款明细在存折上写好，再来找我哦。”

“哦，是吗？”

时宇拿回了存折。他拿起圆珠笔，想要写存款内容，却一个字也写不出来。

“子英，该怎么写啊？”

“哦，对了。时宇，你是第一次加入整存整取吧？”

子英耐心地向时宇说明了加入整存整取的步骤。时宇交了税金、健康保险费和电费等费用，从剩下的钱里拿出了 250 个微笑币，加入了 6 周整存整取产品。

“时宇，到期后我会告诉你的。”

“好的，谢谢。”

时宇现在还剩 30 个微笑币，这笔钱可以买到一种零食或一张日记免写券。从前的时宇肯定头也不回地跑去买零食了，但现在，他变得不大一样了。

“给你 10 个微笑币。”

时宇把存折递给了世完。正在读书的世完抬起头，看了看时宇。

“什么情况？”

“我是来进行财务咨询的。”

“哦，您好，我是财务咨询师南世完。请问您想咨询什么问题？”世完用机器人般冷冰冰的声音说道。

“世完，你是怎么攒到那么多钱的？跟我说说你的理财秘诀吧。”

“这还不简单，多赚少花呗。”

“这谁还不知道啊？”时宇侧眼瞅着世完，表达了自己的不屑。

“既然知道，为什么不这么做呢？”世完的话把时宇呛住了。

“想，想吃就吃，想花就花呗！这有什么错吗？”

“这倒没什么错，不过想要理财的话，就不能这么随心所欲了，你得先给自己定一个目标。你现在好像有了目标呢，签名球对吧？”世完看穿了时宇的心思。

“没错。为了拍下签名球，我加入了整存整取，但恐怕这些钱还不够。”

“整存整取是个不错的选择，要不要再试试投资呢？”

“投资风险太大了，我可不想把钱全都赔光。”投资失败的噩梦，时宇还历历在目。

“时宇，你之前投资全凭感觉，所以才会失败。投资不是赌博，要准确收集信息，正确分析投资对象，再进行投资，这样才能像我一样从投资中获利。投资本身并不危险，什么都不知道就盲目投资才危险。”

时宇想起了世完获得40%收益率的事，又想起，其实自己当时也获得了30%左右的收益率呢。

“投资更好吗？”

“当然，我可不是让你没头没脑地把所有钱都拿来投资，你可以采取折中的策略，一部分钱存起来，一部分钱投入收益较好的投资产品，灵活分配，稳中求胜。”

世完说得头头是道，简直像个专业人士，时宇打心底里觉得世完了不起。这也给了他更多信心，有了世完的帮助，他一定能把钱管理好。

“不过，我已经把几乎所有的钱都放进整存整取了，接下来我该怎么办呢？”

世完沉思了片刻，然后问时宇：“你有信心按照我说的做吗？”

“有，我全听你的。我也想像你这样好好理财。”

“好，时宇，那你的目标是——收集700个微笑币。”

从时宇那儿得到肯定的答复后，世完说道。同时他拿出一张纸，认真地在上面写起了字。

“世完有什么建议呢？”河镇和元熙问时宇。时宇默默把手里的纸给两个朋友看了看，纸上写着几个大字：

朱时宇的700个微笑币赚钱计划

大字底下还有几行小字，详细地记录了时宇现在拥有的钱、将来要赚的钱，以及将来要花的钱等事宜。此外，连储蓄和投资的数额，都明确地写在了纸上。

“这是什么？太复杂了吧？”元熙问道。看着这张写满数字的纸，元熙头都大了。

“嗯，简而言之，就是减少消费，增加存款和投资，而且不能盲目投资。”

“那你从现在开始一分钱都不花了吗？”河镇问时宇。

“是的。从现在开始，我会把赚来的钱都攒起来。”

“奇怪了，世完不是说过，只存款不花钱是不好的吗？你们记不记得？”

时宇想起了世完在咨询中说过的话：“嗯，没错。世完说过，为了未来的生活而放弃现在的满足感，是件愚蠢的事。”

“这么看来，花钱如流水的朱时宇做得很棒呀！”

“这是两码事，像我之前那样乱花钱也是不好的。”

“啊，时宇！你简直变了个人啊，之前还嚷嚷着不喜欢世完，现在怎么这么听他的话了？”

时宇没说什么。不知不觉间，他的确对世完越来越有好感了。

热闹的微笑国拍卖会

“您好，我要取出我投资的钱。”时宇站在投资公司职员妍斗面前说道。投资公司最近一直忙个不停，可能是因为寒假快到了。

“让我看看。时宇，你投资了老师的体重，老师重了 0.7 公斤，收益率是 7%。然后你总共投资了……”

“我投资了 100 个微笑币。”时宇抢着回答道。

“啊，没错。100 个微笑币的 7% 是 7 个微笑币，加起来一共 107 微笑币。请收好。”

时宇预计收益率在 15% 左右，实际没有达到期待。但他告诉自己要知足，三周内得到这些钱，利率已经比存款高出 3% 了。

“时宇，你取出了投资的钱吗？” 河镇朝时宇走来。

“嗯。”

元熙也走过来，拽着时宇的胳膊说：“咱们去礼堂吧。”

元熙催促时宇去上乐乐棒球课，不过时宇好像还没忙完。

“稍等，我还有一个地方要去。”

时宇又来到银行职员子英面前。

“您好，我要加入整存整取。”

时宇现在对存钱已经是轻车熟路了，他把刚取出来的 107 个微笑币全部放入整存整取，一共存 6 周。

“子英，我的存款是在拍卖日之前到期吧？”

“没错。2 月第一周到期，到时候来取就行了。”

世完的话时宇都一一照办。世完嘱咐过，存款的到期日一定要在签名球拍卖日之前，否则可能不得不中途解约，也拿不到应得的利息。

“我一定要攒好多好多钱，把签名球拿下。”时宇一遍又一遍地想着攒钱的目标。

“时宇，你确实变化挺大的。要不我也去找世完做做财务咨询？”时宇的变化让元熙感到神奇。

微笑国的孩子们迎来了小学时光的最后 2 个月，现在天寒地冻，嘴里都能哈出白气了。教室里，时宇、河镇和元熙围坐在一起，放假期间他们都长高了。

“不能打乐乐棒球，真是可惜啊。”河镇的话里流露出深深的遗憾。

“对啊，原本以为上中学之前还能好好玩玩呢。”元熙也深感遗憾。

“时宇，怎么办呀，这下你工作又没了啊？”河镇惋惜地看着时宇问道。学校礼堂在放假期间的施工延期了，所以孩子们午餐时间没法练球了。

“没办法，操场也没法去，天太冷容易感冒。”

“那你还能攒够 700 个微笑币吗？”元熙回忆起时宇的 700 个微笑币计划。其实元熙也想要签名球，所以不露声色地探探时宇的口风。

“还好，拿到保险金以后差不多了。”

这是时宇第二次丢工作，不过这次他淡定多了。由于时宇提前加入了失业保险，他获得了 130 个微笑币的保险金。虽说比同学们交的学费少，但保险避免了巨大的损失，足以让时宇安心。

时宇翻开自己的存折，里面一共攒了 670 个微笑币，这是他全部的钱，存款产品到期后取回的本金和利息也都在里面了。

“希望这笔钱能买到签名球。”时宇冒出这个想法时，上课铃声恰巧响了起来，一直坐在座位上的老师也闻声站起身来。

“同学们，现在，我们约定已久的拍卖活动正式开始了，请大家先把今天拍卖的物品都拿到教室前面来吧。”

“没有人加价了吗？那么企鹅钥匙环 130 个微笑币成交！当！当！当！”

可爱的企鹅钥匙环被世雅拍到了，孩子们热烈地鼓掌祝贺她。担任拍卖师的是秀彬，在他的主持下，拍卖会有条不紊地进行着。

“有多少人想买签名球呢？”时宇心想。

时宇开始紧张了，他观察到，想买的人少物品价格就低，想买的人多物品价格就高，不知道签名球会是什么情况呢？目前为止，最便宜的东西只卖了 20 个微笑币，最贵的却卖了 500 个微笑币，还有些东西压根儿卖不出去。

“下面是学校对面炸酱面店的新菜品优惠券。”

炸酱面优惠券的竞拍开始了，几个孩子纷纷举手然后放下。

“德浩，430 个微笑币！”

河镇也举起手说：“河镇，450 个微笑币！”

秀彬环顾四周后说道：“450 个微笑币！还有人加价吗？那么，成交！当！当！当！”

炸酱面店的优惠券被河镇拍到了，担任拍卖师的秀彬拿出了下一件拍卖品。

“接下来是我们班在乐乐棒球比赛中赢得的、棒球明星们的签名球。”

终于轮到时宇期待的签名球了。教室里开始喧闹，看来想要签名球的孩子们格外多。

“签名球，起拍价 10 个微笑币，每次加价 10 个微笑币。”

拍卖一开始，时宇就赶忙举起了手。

“时宇，20 个微笑币！”

紧接着，孩子们此起彼伏地喊出了自己的价格。

“30 个微笑币！”

“40 个微笑币！”

“50 个微笑币！”

转眼就到了 100 个微笑币。

“啊？”

价格上涨的速度惊人，孩子们也吓了一跳。

拍卖师秀彬提高了加价幅度：“从现在开始，每次增加 20 个微笑币。”

面对提高的价格压力，孩子们的热情没有丝毫减退。

“120 个微笑币！”

“140 个微笑币！”

“160 个微笑币！”

时宇又举了两次手。其他孩子

500个微笑币
650个微笑币！
啊
真棒！！
220个微笑币！
160个微笑币！

每举手一次，时宇买不到签名球的担忧就增加一分。

不知不觉间，拍卖价飙升到了500个微笑币。拍卖师秀彬还宣布，从现在起，每次要加价50个微笑币。讲台底下传来一片叹息声，现在谁也不敢轻易举手了，河镇和元熙似乎都放弃了拍下签名球的念头。真的会有人喊出550个微笑币吗？孩子们面面相觑，却没有人站出来。

沉默终于被打破了。时宇猛地举起手，大喊道：“550个微笑币！”

“天哪！”

这是今天拍卖会的最高价。孩子们不由自主地张大了嘴，这下可没人再加价了吧。不，还没完呢，另有个孩子喊出了600个微笑币——是棒球迷正焕。

600个微笑币！这可是一大笔钱啊。时宇和正焕看着彼此，莫名的紧张感萦绕在教室里。时宇一共只有670个微笑币，他的忧虑再次加重。长时间的心理斗争之后，时宇还是加价了，他喊道：“时宇，650个微笑币！”

时宇马上看向正焕，只见正焕深深叹了口气。

“现在，我倒数三个数，如果没人再举手，就以650个微笑币的价格成交。”

时宇双手合十，祈祷别再有人举手。

“三，二，一，成交！”

“当！当！当！”宣布成交的小锤子声响彻整个教室。

“太好了，我做到了！”时宇举起紧攥的拳头欢呼道。

下课后，时宇、河镇和元熙三人去了好久没去的炸酱面店，河镇决定用拍卖会上拍到的炒年糕优惠券请客。时宇则手拿签名球，脸上洋溢着幸福的笑容。

“朱时宇，给我看看吧。”元熙伸手要去摸签名球。

“呀，不行！会蹭坏的，别碰它。”

时宇把签名球举得远远的，然后迅速放进了包里。

“咦，真小气。”

“没办法，谁让我的签名球这么宝贵呢。”

时宇抚摸着装有签名球的包，仿佛怀里抱了只小狗。

“不管怎么说，时宇真是厉害。还以为你会把钱都花光呢，没想到这么会理财，连签名球都买到了。”

听了河镇的夸赞，时宇简直要飘起来了。这段时间发生在时宇身上的事，像放电影一样一幕幕闪过，从一开始完全不懂理财，到搞砸了时元超市，再从投资的涨涨跌跌，到丢了工作……

突然，三个朋友之间出现了第四个人的身影。

“呀，南世完！”三个朋友同时惊讶地大喊道。世完指着他们这桌的其中一把椅子，那里放着世完的包。

“这个位子我先来的。”

三个朋友挪到了隔壁的桌子上。

“炸酱面来了。”

“啊，看起来真好吃。”

三个朋友几口就把炸酱面吃完了。

河镇和元熙出门的时候，时宇没有跟出来。他在店里犹豫了一会儿，然后扭头对世完说：“喂，南世完。”

“干吗？”

“谢谢你。”

世完扑哧一声笑了。他拿纸巾擦了擦嘴，接着开口说道：“不用感谢我，我可没指望你会听我的话，也没想到你会做得这么好。”

“你这家伙，还是老样子。”

时宇走出了店门。

“你们去哪儿？”

“我要去补习班。”

“我也要去补习班。”

河镇和元熙去了补习班，时宇则踏上了回家的路。

“拜拜，明天见！”

冷风吹过，时宇把手伸进裤兜，指尖触到了几枚硬币。

那一刻，他脑海里闪过了一个念头。

一回到家，时宇就冲着妈妈大喊道：“妈妈，这次的零花钱我要存起来！请帮我存钱！”

妈妈,
这次的零花钱
我要存起来!

微笑国经济常识 Q&A

问题① 什么是价格？

如果没有“价格”这个东西，那你去文具店买自动铅笔的时候，到底该付多少钱呢？挺难办的对吧？“价格”就是用钱体现物品的价值。拥有价格的不仅仅是商品，还可以是戏剧表演、快递等服务。

问题② 价格是如何确定的？

卖东西的人希望价格越高越好，买东西的人则希望越便宜越好。也就是说，价格的确定需要买卖双方达成一致，而决定价格的关键因素，是“需求”和“供给”。

如果需求大于供给，即物品数量有限但买的人多，那么价格就会上涨。反过来，如果供给大于需求，即物品供应量大但买的人少，那么价格就会下降。最终，当供需平衡时，商品就会拥有一个合理的价格。

问题 ③ 什么是拍卖[1]？

拍卖通常是指多个买家之间相互竞争，卖家最终把物品卖给出价最高的人的交易形式。进行拍卖的一般是价格难以确定或价格波动较大的商品。农产品、水产会进行拍卖，特别珍贵的宝石、著名画家的作品、拥有巨大历史价值的古董等全世界稀少乃至独一无二的物品也会进行拍卖。

1 拍卖一般是卖给出价最高的人，但拍卖也分为“英式拍卖”与“荷式拍卖”，“荷式拍卖”是一种特殊的拍卖形式，拍品有一个最高期望价格，随着拍卖进行，这一价格会随时间的变动而向下浮动，如果浮动到某个价格时有竞拍者出价，那么拍卖即一次性成交。在中国，我们比较熟悉的是艺术品拍卖，而土地等重大资产有时也会采用拍卖方式成交。

小学生里的大富翁

作者 _ [韩] 玉孝珍　　译者 _ 潘盈欣

产品经理 _ 张晓意　潘盈欣　　装帧设计 _ 孙莹　　产品总监 _ 陈亮
技术编辑 _ 丁占旭　　责任印制 _ 刘世乐　　出品人 _ 曹俊然

果麦
www.guomai.cn

以 微 小 的 力 量 推 动 文 明

图书在版编目（CIP）数据

小学生里的大富翁 / (韩) 玉孝珍著 ; (韩) 金美妍绘 ; 潘盈欣译 . — 广州 : 广东经济出版社 , 2023.5
ISBN 978-7-5454-8799-2

Ⅰ . ①小… Ⅱ . ①玉… ②金… ③潘… Ⅲ . ①经济学－少儿读物 Ⅳ . ① F0-49

中国国家版本馆 CIP 数据核字 (2023) 第 076667 号

责任编辑： 陈　潇
责任校对： 刘　燕
封面设计： 孙　莹

版权登记号：19-2023-113

小学生里的大富翁
XIAOXUESHENG LI DE DAFUWENG

出版发行：广东经济出版社（广州市环市东路水荫路11号11～12楼）
印　　刷：天津市豪迈印务有限公司
（天津市西青区泰达微电子工业区中晓园8-e豪迈印务）

开　　本：880毫米×1230毫米　1/32
印　　张：6.25
版　　次：2023年5月第1版
印　　次：2023年5月第1次
书　　号：ISBN 978-7-5454-8799-2
字　　数：80 千字
定　　价：49.80 元

发行电话：（020）87393830　　编辑邮箱：gdjjcbstg@163.com
广东经济出版社常年法律顾问：胡志海律师　　法务电话：（020）37603025
如发现印装质量问题，请与本社联系，本社负责调换。